배를 만들고 싶다면
먼저 저 넓고 끝없는 바다에 대한 동경심을 키워라!

– 생텍쥐베리

아이의 튼튼한
공부 기초를 만드는
바탕다지기

초등 어휘 바탕 다지기

박현창 지음

1 초등 저학년용

엔듀
인사이트

국어 감각을 키우는 신개념 낱말 학습 프로그램

초등 어휘 바탕 다지기·1

초판 1쇄 발행 2016.02.22 | 초판 7쇄 발행 2020.05.04
지은이 박현창 | 펴낸이 한기성 | 펴낸곳 에듀인사이트(인사이트)
기획·편집 공명, 신승준 | 본문 디자인 지누커뮤니케이션 | 표지 디자인 오필민 | 인쇄·제본 서정바인텍
베타테스터 권시원, 권시하, 김려원, 김명현, 김하늘, 신세호, 이형민, 임준호, 정우승, 조성은, 조윤빈
등록번호 제2002-000049호 | 등록일자 2002년 2월 19일 | 주소 서울시 마포구 연남로5길 19-5
전화 02-322-5143 | 팩스 02-3143-5579 | 홈페이지 http://edu.insightbook.co.kr
페이스북 http://www.facebook.com/eduinsightbook | 이메일 edu@insightbook.co.kr
ISBN 978-89-6626-703-3 64710
SET 978-89-6626-701-9

책값은 뒤표지에 있습니다. 잘못 만들어진 책은 바꾸어 드립니다.
정오표는 http://edu.insightbook.co.kr/library에서 확인하실 수 있습니다.

어휘력은 사고력의 기본 토대!

우리는 사람과 사회, 자연과의 상호 작용을 통해 낱말을 얻고, 이런 낱말들 사이의 관계를 발견하고 이해하며 조직해 어휘를 발전시켰습니다. 어휘들을 정교하게 연결하면 생각을 전달하고 표현하는 수단인 말과 글이 되는데, 어휘가 풍부할수록 좀 더 자신의 생각을 체계적으로 정리하고 논리적으로 표현할 수 있게 됩니다. 따라서 어휘력은 논리적 사고력의 기본 토대라고 할 수 있습니다.

어휘 선택의 기준

어휘 학습을 진행하기 위해서는 구체적으로 어떤 어휘를 다룰 것인가가 먼저 정해져야 합니다. 이 책에서 채택한 어휘들은 '등급별 국어 교육용 어휘(서울대 국어연구소, 김광해, 2003)' 목록에서 발췌하였습니다. 이 목록이 절대적인 것은 아니지만 적어도 목록을 작성하는 데 사용한 방법과 기초가 되는 자료들의 폭넓음에서 이보다 더 믿을 만한 자료는 찾아보기 어려울 것입니다. 그리고 이를 바탕으로 교재를 개발하는 것이 직관과 경험에 의존해 만들어 내는 것보다는 훨씬 오류를 범할 확률이 낮고 사용자에 대한 적합성이 높습니다.

교재에 사용되는 어휘는 1~2등급(기초 어휘) 어휘가 중심이 되고, 여기에 3~4등급의 어휘를 교수 학습 활동 설계에 따라 선택적으로 추가하였습니다.

어휘의 편성과 학습 내용

아동의 어휘 발달 양상은 대개 그들의 사회화 경험의 확장 경로와 일치합니다. 그래서 비교적 일반적이라고 할 수 있는 생활 범위를 주제로 잡아 점차 확장되는 방식을 취했고, 그에 따라 사용하는 어휘들을 순차적으로 배치하여 일차적으로 익히게 했습니다. 여기에 낱말의 의미 – 구체성과 추상성 그리고 상징성, 실질적 의미(실사)와 기능적 의미(허사) – 와 음절수의 많고 적음 따위의 기준을 적용하여 쉬운 것에서부터 어려운 것 순으로 익힐 수 있게 배치했습니다.

권	첫째 주	둘째 주	셋째 주	넷째 주	다섯째 주	여섯째 주	일곱째 주	여덟째 주
1	몸	가족	음식	옷	집	직업	동물	거리
2	놀이	운동	동작	기구	탈것	식물	사람	빛깔
3	수	마음	시간	정도	낱낱	맛	날씨	어떻게
4	땅	곳	소리	모양	학교	사회	바다	우주

이렇게 편성한 어휘들을 다시 그 형식과 내용적인 측면에서 고루 익히게 했습니다. 낱말의 형식이 되는 소리와 꼴에 관한 학습 내용들을 담아냈고, 내용이 되는 의미면에서는 사전적 의미부터 내포적 의미 그리고 의미 관계와 관용적 의미까지 두루 다루었습니다. 더불어 다소 가벼우나 창의적인 언어유희 내용들도 고명처럼 담아 두었습니다.

〈초등 어휘 바탕 다지기 낱말 학습 내용〉

낱말의 내용 익히기	낱말의 의미 알기	낱말의 지시적 의미 알기
		낱말의 함축적 의미 알기
		낱말의 사전적 의미 알기
		낱말의 문맥적 의미 알기
		낱말의 중심적 의미 알기
		낱말의 주변적 의미 알기
		낱말의 관용적 의미 알기
		다의어의 의미 알기
	낱말의 의미 관계 알기	유의 관계 알기
		반의 관계 알기
		상하의 관계 알기
		동음이의 관계 알기
		다의 관계 알기
		공기 관계 알기

학습 활동의 구성과 특징

구체적인 모습이 아닌 어휘들과 그것들을 익히는 행위를 가능한 재미있고 구체적인 형상으로 만들었습니다. 서유기와 같은 피카레스크식 구성의 이야기를 줄거리로 하여 추상적이고 딱딱한 학습 활동들을 줄거리 속의 작은 에피소드로 이어지게 구성하였습니다. 이렇게 함으로써 학습자가 이야기의 주동인물(주인공)로 나서서 활동을 진행해 나갈 수 있습니다.

배경 이야기를 통해 어휘를 왜 익히고 늘여 나가야 하는지를 이해하고, 이어지는 구체적인 학습 활동을 반복되는 공부가 아닌 놀이처럼 받아들일 수 있도록 했습니다. 이를 위해 아이들이 요괴들과 다양한 형태의 어휘 대결을 펼치도록 했는데, 대결을 통해 성취감과 재미를 느끼게 해주는 것은 물론 학습 동기를 유발하고 의욕을 지속적으로 유지할 수 있게 했습니다.

어휘의 바탕을 다지는 5단계 학습

하루에 활동 3개씩

주제별로 한 주에 5일 동안 학습할 수 있도록 5개의 단계로 나누어 놓았습니다. 각 단계는 하루 학습 분량이고, 활동 개수는 3개입니다. 따라서 한 주에 해야 할 활동은 총 15개가 됩니다. 활동의 난이도나 아동의 실력에 따라 다소 차이가 있을 수 있지만 10~20분 내외에 하루 학습량을 끝낼 수 있을 것입니다.

단계별 활동 내용

각 단계별로 다루고 있는 활동은 단계별 학습 내용에 따라 배치됩니다. 단계별 학습 내용은 어휘의 기본적인 의미와 형태에서부터 어휘 간의 관계와 중의적 의미로까지 점점 심화되는 형태로 구성됩니다.

1단계

첫째 날 – 낌새의 장난

해당 주제에서 다루는 어휘가 무엇인지 살펴보고 이 어휘들의 사전적인 의미를 알아봅니다.

2단계

둘째 날 – 모양새의 방해

어휘의 형태를 살펴봄으로써 어휘들 사이에 공통으로 적용할 수 있는 요소가 있는지 알아보고 어휘와 어휘가 결합했을 때 새로운 의미의 어휘가 만들어지는 걸 이해합니다.

4단계

넷째 날 – 말본새의 심술

어휘의 중의적 의미나 관용적 의미에 대해 알아봅니다. 문장에 따라 사전적 의미와는 다른 새로운 의미가 부여될 수 있다는 것을 이해합니다.

3단계

셋째 날 – 말본새의 훼방

어휘 간의 의미 관계에 대해 알아봅니다. 유의, 반의, 포함 관계는 물론 어휘가 사용되는 환경이나 상황에 따른 연관성도 이해합니다.

5단계

다섯째 날 – 북새의 심통

지금까지 배운 어휘들을 정리하는 단계입니다. 여러 활동을 통해 어휘의 의미와 형태를 다시 복습하고 최종적으로 낱말 지도를 통해 어휘들을 계통적으로 분류하여 정리합니다.

구김새와 다섯 요괴

아주 먼 옛날, 세상에는 아직 글이란 게 없었습니다. 어떤 뜻을 나타내고 남겨 두려면 바위나 벽에 금을 몇 줄씩 그어 두는 게 고작이었습니다. 그런데 사람들이 점점 많아지고 세상일도 복잡해지면서 이런 방법은 갈수록 불편할 수밖에 없었답니다.

그러던 어느 날이었습니다. 어느 지혜로운 이가 새 발자국을 보고는 문득 이런 생각을 하게 되었습니다.

'새 발자국을 보면 저절로 새가 생각나잖아? 음, 그렇다면 새 발자국을 간단하게 그려서 이것을 '새'라는 말과 짝지어 읽으면 되겠다.'

지혜로운 이는 이 방법으로 다른 여러 가지 짐승도 나타내어 보고 여러 물건에도 같은 방법을 써 보았습니다. 그러고는 곧장 사람들에게 그림과 말을 짝짓는 방법을 알려 주었습니다. 그림에다 말과 뜻을 짝지어서 쓰는 방법은 참 편리하고 간단했습니다. 그래서 금방 널리 쓰이게 되었습니다. 그리고 이렇게 약속된 그림들에게 사람들은 '글'이라고 이름을 붙였습니다. 글을 만드는 방법을 사람들이 알게 되자 많은 글들이 생겨나게 되었습니다. 이렇게 생겨난 많은 글을 가지고 서로의 생각을 나누다 보니 사람들이 한층 똑똑해지고 지혜로워졌습니다.

그런데 세상 사람들이 글로 인해 점점 똑똑해지고 지혜로워지는 걸 시샘하고 두려워하는 존재가 있었습니다. 바로 땅속에 있던 귀신들이었지요. 귀신들은 사람들이 글 덕분에 똑똑해지고 지혜로워져서 자신들을 더 이상 두려워하지도 않고 받들지도 않을 것이라 생각했기 때문이었습니다.

귀신들은 사람들이 더 이상 똑똑해지면 안 되겠다고 생각했습니다. 그래서 우선은 글을 배우고 익히는 것을 방해하기로 마음먹었습니다. 귀신들은 이 고약한 계획에 부엉이를 이용하기로 했습니다. 부엉이의 몸을 빌어 세상에 나가 사람들의 마음과 생각을 망가뜨리려 했던 것이지요. 하필 부엉이인 까닭은 부엉이가 미운털이 단단히 박힌 탓이었습니다. 사람이 글을 만들어 내게 된 것은 새 발자국을 보면서였는데, 그 발자국이 바로 부엉이 것이었기 때문입니다.

귀신들은 부엉이의 몸을 빌어서 세상으로 나갈 귀신을 뽑았습니다. 그리고 뽑힌 귀신은 곤히 잠들어 있던 한 부엉이의 몸으로 스며 들어갔습니다. 부엉이 몸을 빌어 세상에 나온 귀신은 나중의 일이지만 '구김새'라고 불리게 됩니다.

세상에 나온 구김새는 곧장 부엉이와 올빼미들 가운데 몇몇을 마법으로 홀려 부하로 만들었습니다. 그들의 이름은 각각 '낌새, 모양새, 말본새, 북새'였습니다. 그리고 구김새는 부하들도 모르게 '촉새'라는 부하 요괴도 만들어 두었습니다. '촉새'는 흔히 집에서 볼 수 있는 시궁쥐로 부하 요괴들을 살피고 구김새에게 보고하는 일을 맡은 요괴였습니다.

이렇게 구김새는 다섯 부하 요괴와 함께 세상에 나가 사람들이 말과 글을 쓸 때면 언제나 우리 마음과 생각 속으로 몰래 끼어들어 방해를 놓았습니다. 그리고 사람들의 욕심을 부추겨 서로 헐뜯고 다투게 했습니다. 순식간에 세상은 엉망이 되

기 시작했고 구김새와 그 부하들의 계획은 성공하는 듯했습니다.

그런데 세상이 더 이상 험해질 수 없을 정도로 바뀐 어느 날이었습니다. 해가 멀쩡히 떠 있는 맑은 하늘에서 갑자기 곡식 낟알이 비처럼 쏟아지는 것이었습니다. 곡식 낟알이 내리는 것은 하늘이 세상 사람들을 돌보기 위한 것으로, 사람들이 말과 글로 더 이상 다투지 말고 곡식을 심고 키우며 사이좋게 지내게 하기 위함이었습니다. 낟알비의 정체를 알게 된 요괴들은 낟알들을 닥치는 대로 먹어 치웠습니다. 그런데 낟알에는 구김새도 알아차리지 못한 비밀이 한 가지 숨겨져 있었습니다. 낟알은 사람에게는 이롭지만 요괴들에게는 해로워서 요괴들을 멍청해지게 만들었습니다. 하늘은 만만해진 요괴들을 사람들이 이겨 내고 물리치는 가운데 말과 글을 제대로 배우고 익혀서 다시 지혜롭고 총명하게 되길 바란 것이지요. 낟

알을 먹을 수 있는 만큼 먹어 치운 요괴들은 자신도 모르게 한껏 멍청해져 함부로 나다닐 수 없게 되었습니다.

구김새를 비롯한 여러 요괴들은 생각했던 만큼 제대로 사람들의 생각을 망칠 수가 없었습니다. 제 형편을 깨달은 구김새는 슬쩍 작전을 바꾸었습니다. 세상 사람 모두를 상대하기보다는 만만한 아이들을 노리기로 한 것이지요. 아이들의 생각 속에 둥지를 틀고 앉아서 말과 글을 배우고 익히는 것을 방해하기로 마음먹은 것입니다. 그것은 아이들이 익힌 말과 글을 훔쳐 내고, 지우고, 잊어버리게 만드는 것입니다.

하지만 너무 걱정하거나 두려워할 필요는 없습니다. 이 이야기 바로 뒤에 구김새와 맞서러 가는 길을 만들어 두었기 때문입니다. 구김새를 비롯하여, 낌새, 모양새, 말본새, 북새가 가리고, 숨기고, 훔치고, 지워 버린 말과 글을 찾아서 배우고 익힐 수 있도록 말입니다. 자신감을 갖고 지금부터 구김새와 다섯 요괴들의 심술과 훼방을 하나하나 물리쳐 보세요.

나오는 낱말 훼방꾼들

구김새

부엉이의 몸을 빌어 세상에 나온 요괴의 우두머리. 부엉이와 올빼미들 중 몇몇을 마법으로
홀려 부하로 삼은 뒤 사람들이 글을 익혀 똑똑해지는 것을 막으려고 해요.

낌새

낱말을 익히는 걸 귀찮게 여기도록 만드는 임무를 맡은 부엉이. 어떤 일이 일어날지 미리 알
아차릴 수 있는 눈치를 사람들에게서 빼앗아 버리는 특기를 가지고 있어요.

모양새

낱말의 꼴을 알아채지 못하도록 방해하는 임무를 맡은 부엉이. 낱말이 어떻게 이루어져 있는
지 모르게 만들어 새 낱말을 만들거나 새 낱말의 뜻을 알아채지 못하게 해요.

말본새

낱말의 뜻과 쓰임새를 알아채지 못하도록 방해하는 임무를 맡은 부엉이. 낱말의 뜻을 잘못
알게 함으로써 사람들의 생각 속에서 거짓과 속임이 빚어지게 만들려고 해요.

북새

요괴 부엉이들 중 막내지만 가장 성격이 고약해요. 요괴들의 방해로 멍청해진 사람들을 부추
겨 서로 잘난 체하며 시끄럽게 떠들도록 만들어서 결국에는 고집불통 바보 멍청이들로 만들
려고 해요.

촉새

원래는 시궁쥐였는데 구김새가 부하 요괴를 살피고 세상 사람들의 이야기를 엿듣기 위해 새
처럼 만든 요괴. 남의 말을 엿듣는 데 뛰어난 재주를 갖고 있지만 말과 하는 짓이 가볍고 방정
맞지요.

말뭉치 지도

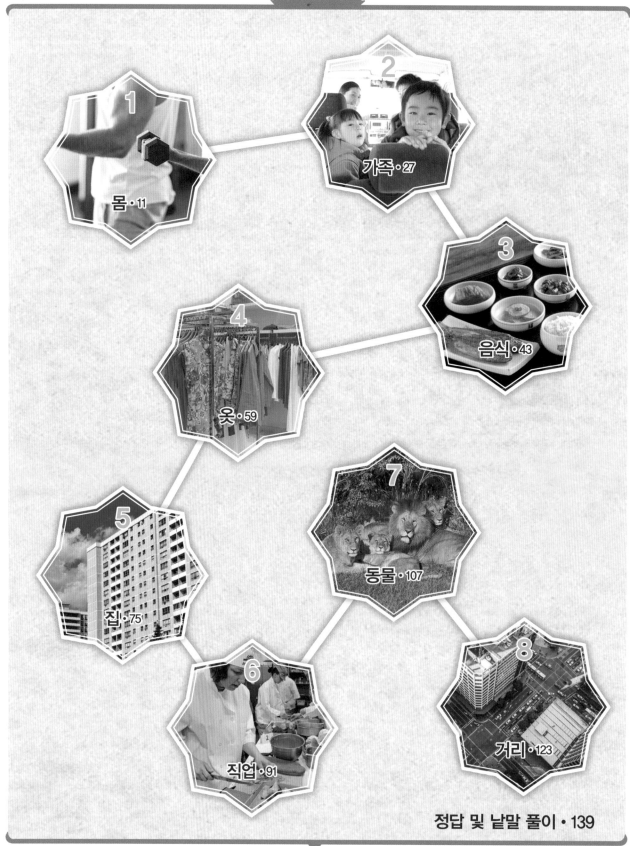

1 몸·11

2 가족·27

3 음식·43

4 옷·59

5 집·75

6 직업·91

7 동물·107

8 거리·123

첫째주

몸 1

몸이나 몸의 한 곳을
가리키는 낱말을 가지고
부엉이 요괴들이 심통을
부리고 있습니다. 요괴들에게서
낱말을 되찾아 옵시다.

낌새의 장난

낌새가 몸 낱말들을 알아보지 못하게 장난을 쳐 놓았어요.
낱말들이 본래의 모습으로 돌아갈 수 있도록
여러분이 도와주세요.

하나, 흩어진 낱자 몸(신체) 낱말 알아보기

낌새가 몸의 어딘가를 나타내는 한 글자를 풀어헤쳐 놓았어요. 낱자를 살펴보고, 빈칸에 알맞은 글자를 쓰세요.

'ㄱ, ㄴ, ㄷ, ㅏ, ㅓ, ㅗ' 이런 게 낱자지.

ㅂ ㅏ ㄹ → 발

ㅅ ㅗ ㄴ

ㅇ ㅣ ㅂ

ㅍ ㅏ ㄹ

ㅁ ㅗ ㄱ

ㄴ ㅜ ㄴ

ㄷ ㅡ ㅇ

ㅂ ㅗ ㄹ

둘, 지워진 글자 몸(신체) 낱말 회상하기

낌새가 몸의 일부분을 가리키는 두 글자 낱말 중에서 한 글자씩을 지워 버렸어요. 없어진 글자가 무슨 글자인지 생각해 보고 빈칸에 알맞은 글자를 쓰세요.

'가.나.다.갈.남.땅' 이런 게 글자야.

머 리   깨   가

름   다   굴

허   마   톱

썹   술   꼽

셋, 뒤죽박죽 글자 몸(신체) 낱말 알아보기

낌새가 글자의 순서를 섞어 놓아 낱말을 알아보지 못하겠어요. 글자들을 살펴보고, 빈칸에 알맞은 낱말을 쓰세요.

가락손? 락가손? 손락가? 손가락!

'정수리'는 머리 위쪽을 말해.

가 락 손 → 손 가 락

덩 이 엉

리 수 정

꿈 뒤 치

리 구 옆

아 리 종

'목덜미'는 목의 뒤쪽을 말해.

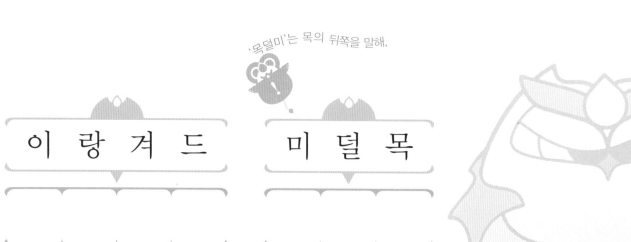

이 랑 겨 드

미 덜 목

모양새의 방해

모양새가 낱말들이 어울려 새로운 낱말이 되는 걸 방해하고
있어요. 낱말들이 제자리를 찾아 새 낱말이 될 수 있도록
여러분이 도와주세요.

하나, 두 낱말 한 낱말 낱말 짜임새 알기

두 낱말이 어울려 한 낱말이 된 것들을 모양새가 뒤섞어 놓았어요. 어떤 낱말인
지 생각해 보고, 두 낱말로 나누어 쓰세요.

오손른

오른 + 손

'오른손'은 '오른'과 '손'이 만나서 만들어진 낱말이야.

풀 꺼 눈

+

가락발

+

뼈등

+

바닥손

+

구멍목

+

눈썹속

+

목손

+

둘, 못 찾겠지 꾀꼬리 둘 이상의 낱말이 결합된 낱말 알아보기

모양새가 낱말들과 어울려서 새 낱말이 될 수 있는 낱말을 숨겨 놓았어요. 위의 세 낱말과 모두 어울려 새 낱말이 될 수 있는 것을 아래의 낱말에서 찾아 ○ 하세요.

| 손 | 발 | 팔 |

| 왼 | 줄기 | 구멍 |

왼손, 왼발, 왼팔! 세 낱말 모두 '왼'과 어울리지.

| 가슴 | 갈비 | 등 |

| 허리 | 뼈 | 입 |

| 손 | 발 | 뼈 |

| 등 | 입 | 가 |

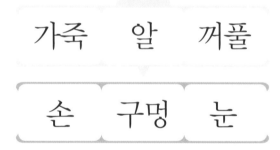

| 가죽 | 알 | 꺼풀 |

| 손 | 구멍 | 눈 |

'멱살'은 사람 목 앞쪽의 살을 말해!

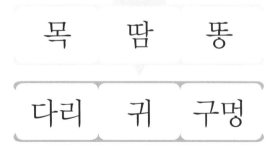

| 목 | 땀 | 똥 |

| 다리 | 귀 | 구멍 |

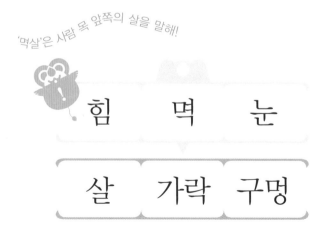

| 힘 | 멱 | 눈 |

| 살 | 가락 | 구멍 |

셋, **몸 흉내말** 동작이나 소리를 흉내 낸 말 알기

우리 몸의 어느 곳과 어울리는 흉내말 중 일부를 모양새가 지워 버렸어요. 몸과 어울리는 흉내말을 생각해 보고 빈칸에 쓰세요.

눈
부 리 부 리

두 빈칸에 들어가는 글자는 같아!

| 머리 | 가슴 | 어깨 |
| 곱 곱 | 두 두 | 쓱 쓱 |

콧구멍이 벌어졌다 오므라지는 모양은?

| 고개 | 코 | 엉덩이 |
| 웃 웃 | 름 름 | 실 실 |

말본새의 훼방

말본새가 낱말들이 갖고 있는 뜻을 알지 못하게 훼방을 놓고 있어요. 낱말들이 제 역할을 할 수 있도록 도와주세요.

하나, 세 글 한 말  낱말의 중심적 의미 알기

세 글을 읽고, □ 안에 모두 들어갈 수 있는 낱말을 찾아 ○ 하세요.

- 아빠는 보는 □이 정확하다.
- 순심이는 겁먹은 □으로 서 있었다.
- 나는 □이 나빠 안경을 썼다.

> ⬤눈 코 입

- 선아는 □을 흔들며 친구에게 인사를 했다.
- □이 많이 부족하다.
- 나는 할머니의 □에서 자랐다.

> 몸 손 발

- □을 흘기지 마라.
- 초롱초롱한 □이 참 예쁘다.
- 강아지는 아직도 □을 뜨지 못했다.

> 침 혀 눈

- □□가 무척 날씬해 보인다.
- □□를 구부릴 수가 없다.
- 두 손을 □□에 짚고 섰다.

> 머리 다리 허리

- 떡 벌어진 □□이 든든해 보였다.
- 콩닥콩닥 □□ 뛰는 소리가 들렸다.
- 찬우는 따뜻한 □□을 가진 사람이었다.

> 몸집 가슴 고개

- 엄마는 □□에 로션을 발랐다.
- 난 복스러운 □□이 마음에 들었다.
- 동생은 겁에 질린 □□로 눈치를 살폈다.

> 얼굴 가슴 입술

둘, 이다니까 낱말의 연상적 의미 알기

우리 몸의 어디를 가리키는 낱말인지 생각해 보고 □ 안에 들어갈 알맞은 낱말을 찾아 ⭕ 하세요.

몸을 만지거나 보면서 생각해 봐.

□은 쌍둥이다.
똑같은 게 둘이니까.

⬇

손 코 머리

□□는 잘난 체한다.
으쓱거리니까.

⬇

허리 어깨 다리

□은 별이다.
반짝반짝하니까.

⬇

발 눈 귀

□는 산이다.
우뚝 서 있으니까.

⬇

코 배 입

□□는 젓가락이다.
길쭉한 게 둘이니까.

⬇

허리 다리 머리

□□은 사과다.
둥글둥글하니까.

⬇

허리 다리 얼굴

셋, 같은 소리 다른 말 <small>동음이의 관계의 낱말 알기</small>

첫 번째 글에 쓰인 낱말과 뜻이 같은 낱말은 어느 것일까요? 나머지 두 글에서 같은 뜻의 낱말이 쓰인 것을 찾아 ☐ 안에 ✔ 하세요.

우리 몸의 일부를 가리키는 낱말을 찾으면 돼.

저 녀석, 정말 간도 크다!

☐ 어머니께서 된장찌개 간을 보신다.
✔ 의사 선생님은 내가 간이 좋지 않다고 했다.

조카가 나를 보자 볼을 비비며 반가워했다.

☐ 삼촌의 볼이 볼그스레해졌습니다.
☐ 신발의 볼이 좁아서 발이 아파요.

그렇게 다리를 꼬고 앉지 마라.

☐ 뱀은 다리가 없지만 빨리 움직이지.
☐ 한강에 다리가 몇 개나 되는지 아니?

가방을 등에 메고 가야지!

☐ 얼른 등을 켜서 신호를 보내!
☐ 벽에 등을 기대고 앉았다.

이상하다는 듯이 고개를 갸우뚱했다.

☐ 창밖으로 고개를 뺐다.
☐ 저 고개 너머에 우리 집이 있다.

말본새의 심술

말본새가 낱말들의 쓰임새를 알지 못하게
심술을 부리고 있어요. 낱말들이 쓰임새에 따라
제 역할을 할 수 있도록 도와주세요.

하나, 머나 먼 친구 낱말의 의미 관계 알기

말본새가 세 낱말과 사이가 먼 낱말을 하나 끼워 두었어요. 세 낱말과 가장 거리
가 먼 낱말을 골라 ◯ 하세요.

'족'(足)은 '발'을 가리키는 한자어야.

신체	몸집
몸통	(몸살)

살갗	살점
살	이

걸음	머리
발	족

'재간'은 일을 할 수 있는 재주와 솜씨를 말해.

엉덩이	궁둥이
종아리	볼기짝

손	솜씨
재간	다리

얼굴	머리
두뇌	뇌

치아	손톱
이빨	이

항문	똥구멍
가슴	밑

입	부리
주둥이	정강이

'정강이'는 무릎 아래에서 앞 뼈가 있는 부분이야.

둘, 짝꿍 찾기 낱말의 의미 관계 알기

말본새가 두 낱말씩 짝지어 놓았어요. 앞에 짝지어 놓은 두 낱말은 어떤 사이인지 생각해 보고, 뒤의 낱말도 같은 사이가 되도록 빈칸에 알맞은 낱말을 쓰세요.

볼에는 보조개가 있어. 그럼 배꼽은 어디에 있을까?

손 : 팔   ? : 다리

발

볼 : 보조개   ? : 배꼽

눈 : 눈썹   ? : 머리카락

리

팔 : 팔뚝   ? : 종아리

리

목 : 모가지   ? : 궁둥이

덩

얼굴 : 낯   ? : 피부

갖

배 : 꼬르륵   ? : 드렁드렁

머리 : 어질어질   ? : 두근두근

습

셋. 엉뚱엉뚱 낱말의 관용적 의미 알기

말본새가 심술을 부려 둘 이상의 낱말을 모아 본래의 뜻과는 전혀 다른 뜻의 말을 만들었어요. 어떤 뜻인지 생각해 보고 알맞은 설명에 ✔ 하세요.

빨간색으로 표시한 낱말들이 본래의
뜻과 전혀 다른 말이 된 것들이야.

> 유도 선수에게 덤비다니
> 간이 부은 모양이군.

- ☐ 간에 큰 병이 든
- ✔ 지나치게 용감해진

> 눈이 높아 웬만한 장난감은
> 거들떠보지도 않는다.

- ☐ 좋은 것만 찾는 버릇이 있어서
- ☐ 키가 아주 커서

진짜로 귀에 못이 박히거나 목이 빠진 것은 아니야.

> 공부하라는 소리를 귀에
> 못이 박히도록 들었다.

- ☐ 못에 귀가 찔렸다.
- ☐ 같은 말을 여러 번

> 새끼들은 어미새를
> 목이 빠지게 기다렸다.

- ☐ 안타깝게 기다렸다.
- ☐ 기다리다 목이 부러졌다.

> 옳은 일에는 언제나
> 발 벗고 나선다.

- ☐ 맨발로 밖에 나간다.
- ☐ 적극적으로 나선다 .

> 어찌나 손이 매운지
> 맞은 자리가 얼얼했다.

- ☐ 손으로 살짝 때려도 몹시 아파서
- ☐ 손에 고춧가루를 묻혀서

북새의 심통

북새가 지금까지 배운 낱말들을 알아볼 수 없도록 숨기거나 엉뚱하게 만들고 있어요. 북새의 심통에 낱말들이 도망가지 않도록 여러분이 지켜 주세요.

하나, 숨은 낱말 찾기 몸(신체) 어휘 알기

북새가 우리 몸의 일부분을 가리키는 낱말을 한 글자씩 따로 떼어 내어서 중얼거리고 있어요. 숨겨진 낱말을 찾아 ♡ 하세요.

가방 속에 사슴을 넣어볼까?

 다리   발목

뒤로 갈수록 꿈이 유치해.

치아   뒤꿈치   뒤통수

첫 글자가 무엇인지 잘 살펴봐.

허수아비는 벅찬 상대라서
만지면 안 돼!

허리   안구   허벅지

얼룩말, 나팔 그만 불어.
뚝 그쳐!

팔뚝   얼굴   손등

정말 수고했어.
그래도 될 리가 없지만.

가슴   정수리   발가락

손님이 가시면
우리 도시락 먹자.

허리   손가락   이마

둘, 알동말동요 몸(신체) 어휘 알기

북새가 노랫말들을 비슷한 소리의 다른 낱말로 바꾸어 엉터리로 노래를 부르고 있어요. 노래로 낱말 익히는 것을 방해하려고 말이지요. 노랫말에 쓰인 낱말들은 모두 몸과 관계있는 낱말들이에요. 노랫말을 바르게 고쳐 쓰세요.

> ♪ "거리 으깨 무른 알 무른 알"
>
> 거리 으깨 무른 알 무른 알
> 거리 으깨 무른 알 무른 알 무른
> 거리 으깨 알 무른 알
> 거리 으깨 무른 쥐 고 쥐

우리 몸의 위쪽부터 아래쪽으로 손으로 짚으며 노래해 봐.

"머 리 어 깨 무 ☐ 발 무릎 ☐"

셋, 몸 낱말 지도 몸(신체) 어휘 알기

북새가 몸에 대한 생각을 할 수 없도록 몸 낱말 지도를 군데군데 지워 놓았어요. 낱말들이 이어져 있는 짜임새를 살펴보고, ☐ 안에 알맞은 글자를 써 넣어 지도를 완성하세요.

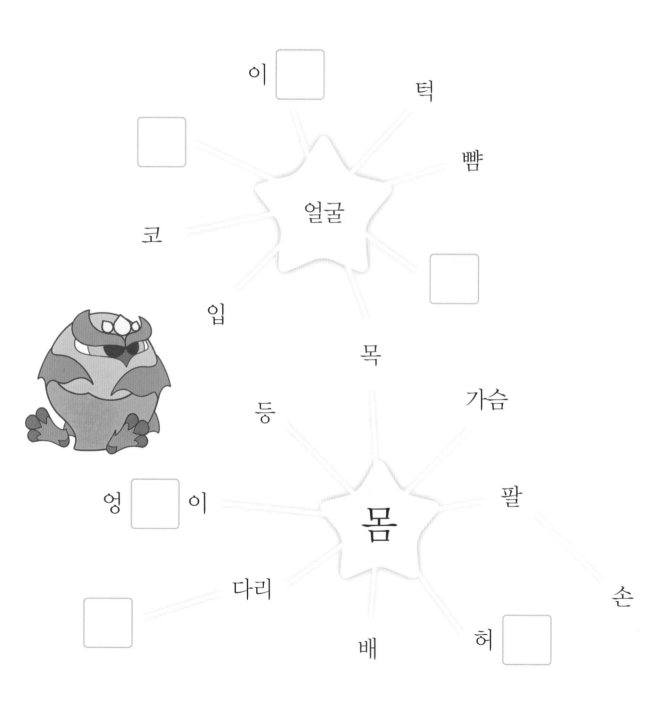

이 ☐

턱

빰

☐

얼굴

코

☐

입

목

가슴

등

엉 ☐ 이

몸

팔

다리

손

☐

배

허 ☐

둘째 주

가족2

가족과 친척을
가리키는 낱말을 가지고
부엉이 요괴들이 심통을 부리고
있습니다. 요괴들에게서 낱말을
되찾아 옵시다.

낌새의 장난

낌새가 가족 낱말들을 알아보지 못하게 장난을 쳐 놓았어요.
낱말들이 본래의 모습으로 돌아갈 수 있도록
여러분이 도와주세요.

하나, 누구의 누구는 누구야 가족 낱말 회상하기

낌새가 가족을 가리키는 낱말이 생각나지 않게 뱅뱅 돌려 말하고 있네요.
낌새가 말하는 누구의 누구는 누구인지 그림을 보고 빈칸에 알맞은 낱말
을 쓰세요.

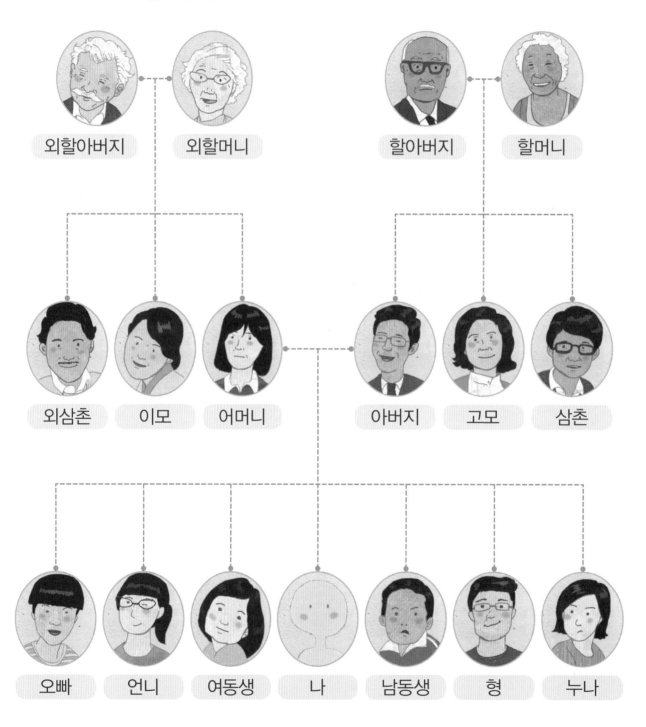

외할아버지 　 외할머니 　 　 할아버지 　 할머니

외삼촌 　 이모 　 어머니 　 　 아버지 　 고모 　 삼촌

오빠 　 언니 　 여동생 　 나 　 남동생 　 형 　 누나

아버지의 누나

고모

어머니의 남편

아버지의 아내

아버지 아내의 아버지

나보다 먼저 태어난 아버지의 아들

답이 두개인 경우도 있어.

어머니의 어머니

어머니의 여동생

나보다 먼저 태어난 어머니의 딸

아버지의 남동생

외할머니의 아들

할머니 아들의 아버지

둘, 못찾겠다 꾀꼬리 가족 낱말 알아보기

글자표에 가족과 같은 뜻의 낱말이 숨어 있어요. 가족이나 친척을 가리키는 낱말을 모두 찾아
지우면 숨은 낱말이 저절로 드러나지요. 그 낱말이 무엇인지 찾아 쓰세요.

할아버지할머니누나언니

형여동생오빠남동생자식

외삼촌식외숙모고모아버

지어머니외할아버지고모

부남매삼촌구이모형제자

매아들딸부모외할머니나

숨겨져 있는 낱말은 두 글자야.

모양새의 방해

모양새가 낱말들이 어울려 새로운 낱말이 되는 걸 방해하고 있어요. 낱말들이 제자리를 찾아 새 낱말이 될 수 있도록 여러분이 도와주세요.

하나, 같은 글자 찾기 낱말의 형태 알아보기

모양새가 가족이나 친척을 가리키는 낱말들 중에서 글자 하나를 지워 버렸어요. 지워진 글자가 무엇인지 생각해 보고 빈칸에 쓰세요.

□머니 □아버지

할

할머니, 할아버지에서 같은 글자는 '할'이지.

고□   이□

할□□지 □□지

삼□   외삼□

□   □제

어□□ 할□□

□삼촌 □숙모

할머□ 언□

□□   여□□

둘, 새 낱말 만들기

둘 이상의 낱말이 어울려 된 낱말 알아보기

모양새가 새 낱말 만들기를 방해하려고 낱말들을 갈라놓았어요. 위의 두 낱말과 어울려 새 낱말이 될 수 있는 낱말을 아래의 두 낱말 중에서 찾아 ◯ 하세요.

삼촌	할머니
(큰)	자식

이모	고모
친	작은

'큰삼촌', '큰할머니', '자식삼촌',
'자식할머니' 어느 것이 잘 어울리지?

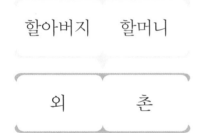

할아버지	할머니
외	촌

아버지	어머니
작은	막내

삼촌	숙모
외	친

동생	아들
외	막내

언니	누나
큰	남

셋, 뒤죽박죽 흉내말 동작이나 소리를 흉내 낸 낱말 알기

모양새가 가족들이 함께 지내는 모습이나 소리를 나타내는 흉내말들을 엉터리로 만들어 버렸네요. 설명을 읽고 빈칸에 바르게 정리해 보세요.

정답게 이야기하며
의좋게 지냄.
순순오도

오 순 도 순

귀엽고 엇비슷한
아이들이 많이 있음.
망올졸망

잔재미가 있고
즐거움.
콩알콩달

서로 옳으니
그르니 하며 다툼.
옥신신각

재미있고
사이좋게 지냄.
아기기자

서로 뜻이 맞지 않아
다툼.
격격티태

나직한 목소리로
정답게 이야기함.
도도란란

대수롭지 아니한 일로
서로 다툼.
옹옹아다

일이나 살림을 정성껏
규모 있게 꾸림.
뜰알뜰살

말본새의 훼방

말본새가 낱말들이 갖고 있는 뜻을 알지 못하게 훼방을 놓고 있어요. 낱말들이 제 역할을 할 수 있도록 도와주세요.

하나, 머나 먼 친구 낱말의 의미 관계 알기

말본새가 세 낱말과 사이가 먼 낱말 하나를 끼워 두었어요. 세 낱말과 가장 사이가 먼 낱말을 골라 ○ 하세요.

 여자가 아닌 낱말을 찾아 봐!

고모	할머니
누나	오빠

삼촌	이모
형	할아버지

아들딸	부부
형제	할머니

 나보다 나이가 적은 사람을 찾아 봐!

삼촌	고모
아버지	이모

오빠	누나
동생	형

외삼촌	누나
형	아버지

형제 사이가 아닌 낱말이 있어.

아버지	할아버지
삼촌	고모

고모	이모
어머니	외삼촌

형	동생
어머니	누나

둘, 어떤 사이? 상하 관계의 낱말 알기

짝지어진 두 낱말들은 가족이라는 점 말고도 같은 점이 있어요. 같은 점이 무엇인지 생각해 보고, 두 낱말을 한꺼번에 가리키는 낱말을 보기 에서 찾아 쓰세요.

보기 | 부부   남자   여자   남매   형제   자매   부부   형제

어머니   누나
여 자

아버지   할아버지

삼촌   아버지

형   남동생

아버지   어머니

할아버지   할머니

삼촌   고모

언니   여동생

여자 형제끼리는 '자매',

여자와 남자 형제는 '남매'라고 해.

셋, 짝꿍 찾기 낱말의 의미 관계 알기

말본새가 두 낱말씩 짝지어 놓았어요. 앞에 짝지어 놓은 두 낱말은 어떤 사이인지 생각해 보고, 뒤의 낱말도 같은 사이가 되도록 빈칸에 알맞은 낱말을 쓰세요.

보기   할머니   동생   어머니   누나   고모   남편

아버지 : 어머니   할아버지 : ?

할 머 니

형 : 오빠   ? : 언니

이모 : 엄마   ? : 아빠

아내 : 어머니   ? : 아버지

어머니는 아버지의 아내야.
그렇다면 아버지는 어머니의 무엇이지?

아빠 : 아버지   엄마 : ?

아버지 : 삼촌   형 : ?

말본새의 심술

말본새가 낱말들의 쓰임새를 알지 못하게
심술을 부리고 있어요. 낱말들이 쓰임새에 따라
제 역할을 할 수 있도록 도와주세요.

하나, 어울리지 않는 사이 낱말의 주변적 의미 알기

위쪽에 주어진 낱말과 가장 어울리지 않는 낱말을 아래쪽에 있는 낱말들 가운데
서 골라 ○ 하세요.

낱말을 연결해서 말을 했을 때 어색한 것을 찾아 봐.

가정	결혼	부모	집안
이루다	하다	모시다	걱정하다
꾸리다	굽다	받들다	멈칫하다
돌보다	결정하다	되다	다스리다
(깨우다)	약속하다	다니다	좋다

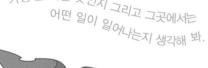
'가정'은 어떤 곳인지 그리고 그곳에서는
어떤 일이 일어나는지 생각해 봐.

가족	조상	아내	형제
생기다	괴롭다	돌보다	두텁다
만나다	본받다	훔치다	많다
화목하다	기리다	결혼하다	뒤척이다
춥다	섬기다	예쁘다	사이좋다

둘, 틀린 낱말 고치기 낱말의 중심적 의미 알기

말본새가 골탕을 먹이려고 글 속에 엉뚱한 낱말을 집어넣었어요. 글 전체의 뜻에 맞게 올바른 낱말로 바꾸어 빈칸에 쓰세요.

낱말의 한 글자만 고치거나 빼면 돼!

외숙모와 외삼촌은 사이좋은 부자입니다. ▶ 부 부

아버지와 큰아버지는 모두 할아버지와 할머니의 딸자식들입니다 . ▶

외삼촌은 멀리 외국으로 시집간 누나인 고모가 가장 보고 싶다고 했습니다. ▶

이모는 딸자식뿐이라서 외아들만 셋인 우리 집이 부럽다고 했어요. ▶

언니와 나는 세상에서 둘도 없이 사이좋은 자식입니다. ▶

아버지의 형제 중에서 외삼촌이 할머니를 가장 닮았다고 합니다. ▶

아버지의 고모님이신 할아버지와 할머니는 인자하신 분들입니다. ▶

셋, 엉뚱엉뚱 _{관용적 의미 알기}

빨간색 낱말들은 어떤 뜻인지 생각해 보고 알맞은 설명에 ✓ 하세요.

아우'는 '동생'과 같은 말이야.

그 어머니에 그 딸

☑ 딸이 그 어머니를 꼭 닮았다.
☐ 딸이 그 아버지를 꼭 닮았다.

형만 한 아우 없다

☐ 여러 명의 형이 있다.
☐ 모든 일에 아우가 형만 못하다.

그 집 아들은 아버지와
붕어빵이다.

☐ 사이가 아주 좋지 않다.
☐ 얼굴이 무척 닮았다.

자식 농사를 잘못 지었다.

☐ 자식들이 농사일에 서투르다.
☐ 자식 키우는 일을 잘 못했다.

빨간색으로 표시한 낱말들은
둘 이상의 낱말이 어울려 본래의
뜻과 전혀 다른 말이 된 것이래.

부모 말을 들으면
자다가도 떡이 생긴다.

☐ 부모 말을 들으면 좋은 일이 생긴다.
☐ 어머니가 떡을 사 주기로 약속했다.

북새의 심통

북새가 지금까지 배운 낱말들을 알아볼 수 없도록 숨기거나 엉뚱하게 만들고 있어요. 북새의 심통에 낱말들이 도망가지 않도록 여러분이 지켜 주세요.

하나, 숨은 낱말 찾기 친족 어휘 알기

북새가 가족이나 친척을 가리키는 낱말을 빙빙 돌려서 중얼거리고 있어요. 북새가 중얼거리는 말을 잘 살펴보고 누구를 가리키는 것인지 알아내어 빈칸에 쓰세요.

할아버지의 딸이고 아버지의 누나이며 고모부의 아내

고　모

할아버지의 며느리이며 아버지의 아내이고 이모의 언니

고모의 어머니이고 할아버지의 아내

나보다 먼저 태어난 어머니의 남자 자식이고 할아버지의 손자

할머니의 아들이고 고모의 오빠이며 아버지의 동생

삼촌의 아버지이고 할머니의 남편이며 아버지의 아버지

둘, 알동말동요 친족 어휘 알기

북새가 노랫말들을 비슷한 소리의 다른 낱말로 바꾸어 엉터리로 노래를 부르고 있어요. 노래로 낱말 익히는 것을 방해하려고 말이지요. 노랫말에 쓰인 낱말들은 모두 가족과 관계있는 낱말들이에요. 노랫말을 바르게 고쳐 쓰세요.

북새가 부르는 노래는 '곰 세 마리'야.

"곰 스 마리"

곰 스 마리가 한 집에 있어
아베 곰 엄매 곰 아그 곰
아베 곰은 띵띵해 엄매 곰은 날씬혀
아그 곰은 허무 귀여버
히쓱히쓱 잘 훈다

"곰 세 마리"

셋, 가족 낱말 지도 친족 어휘 알기

가족은 보이지 않는 끈으로 이어져 있어요. 가족을 가리키는 낱말들도 그와 같이 이어져 있지요. 낱말들이 이어져 있는 짜임새를 살펴보고, ☐ 안에 알맞은 글자를 써 넣어 지도를 완성하세요.

할 ☐ ☐ ☐   ☐ 머 ☐

☐ 촌   아 ☐ ☐   고 ☐

☐

☐ 빠

나   누 ☐

☐ 생

언 ☐

외삼 ☐   ☐ 머 ☐   ☐ 모

외 ☐ ☐ 버 ☐   ☐ 할 ☐ ☐

음식3

음식이나 먹거리를
가리키는 낱말을 가지고
부엉이 요괴들이 심통을 부리고
있습니다. 요괴들에게서 낱말을
되찾아 옵시다.

낌새의 장난

낌새가 음식 낱말들을 알아보지 못하게 장난을 쳐 놓았어요. 낱말들이 본래의 모습으로 돌아갈 수 있도록 여러분이 도와주세요.

하나, 밥바라밥 음식 낱말 회상하기

낌새가 밥을 가리키는 낱말을 우리 머릿속에서 싹 지워 버리려고 '밥바라 밥' 주문을 외우고 있어요. 낌새가 지워 버린 밥들은 어떤 밥들인지 생각해 보고 빈칸에 알맞은 낱말을 쓰세요.

비벼 먹어
밥바라밥

비 빔 밥

김에 싸 먹어
밥바라밥

채소에 싸 먹어
밥바라밥

볶아 먹어
밥바라밥

보리로
지어 먹어
밥라바밥

쌀로 지어 먹어
밥바라밥

콩을 섞어
지어 먹어
밥바라밥

아침에 먹어
밥바라밥

점심에 먹어
밥바라밥

둘, 차림표 음식 낱말 회상하기

낌새가 '맛나 식당'의 차림표에서 몇 가지 음식을 슬쩍 지워 버렸어요. 지워진 음식을 찾아
✔ 하세요.

차림표

냉면 나물 튀김　　김치

떡볶이 떡국　　칼국수 떡

　　불고기 국　　샌드위치

죽 찌개　　라면 토스트

차림표에 적혀 있지 않은 음식 낱말을 찾아 봐!

☐ 죽	☐ 떡	☐ 국	☐ 찌개
✔ 피자	☐ 우동	☐ 라면	☐ 짜장면
☐ 떡국	☐ 냉면	☐ 김치	☐ 나물
☐ 튀김	☐ 설렁탕	☐ 불고기	☐ 계란찜
☐ 칼국수	☐ 토스트	☐ 떡볶이	☐ 샌드위치

셋, 편의점 음식 낱말 회상하기

낌새가 편의점에 있는 과자와 군것질 거리 몇 개를 꿀꺽 했어요. 진열대를 잘 살펴보고, 낌새가 꿀꺽해서 없어진 것을 찾아 √ 하세요.

☑ 우유   ☐ 막대 사탕   ☐ 솜사탕

☐ 빵   ☐ 아이스크림   ☐ 젤리

☐ 라면   ☐ 음료수   ☐ 케이크

☐ 통조림   ☐ 껌   ☐ 팥빙수

☐ 비스킷   ☐ 초콜릿   ☐ 삼각김밥

모양새의 방해

모양새가 낱말들이 어울려 새로운 낱말이 되는 걸 방해하고 있어요. 낱말들이 제자리를 찾아 새 낱말이 될 수 있도록 여러분이 도와주세요.

하나, 따로 또 같이 둘 이상의 낱말이 결합된 낱말 알아보기

모양새가 음식을 알 수 없도록 음식 낱말을 갈라놓았어요. 그림에 알맞은 음식 이름을 보기 에서 골라 쓰세요.

보기 | 물 국 죽 밥 김 떡 김치 된장 전 호박 냉면 국

김 + 밥

☐ + ☐

☐ + ☐

☐ + ☐

☐ + ☐

☐ + ☐

음식 **47**

둘, 엉뚱 풀이 둘 이상의 낱말이 결합된 낱말 알아보기

모양새가 수수께끼인 척하면서 엉뚱한 풀이로 두 낱말이 합쳐진 낱말을 익히지 못하게 훼방을 놓고 있어요. 모양새의 엉뚱 풀이를 읽고 알맞은 새 낱말을 빈칸에 쓰세요.

콩을 갈아 넣은 국수가
콩국수잖아? 그럼 얘는 칼을
갈아 넣은 국수야!

칼 국 수

물에 사는 고기는 물고기지?
그럼 얘는 불에 사는 고기야!

보리를 섞어 지은 밥이
보리밥이지? 그럼 얘는 아침을
섞어 지은 밥이야!

팥을 넣은 빵이 팥빵이잖아?
그럼 얘는 붕어를 넣은 빵이야!

솜사탕은 솜처럼 생긴 사탕이지?
그럼 얘는 알처럼 생긴 사탕이야!

볶아서 먹는 밥이 볶음밥이잖아?
그럼 얘는 싸우면서 먹는 밥이야!

셋, 닭 먹고 오리발 동작이나 소리를 흉내 낸 말 알기

모양새가 음식을 꿀꺽하고 여러 가지 흉내말을 하고 있어요. 3가지 흉내말 중에서 음식과 어울리지 않는 흉내말을 찾아 ○ 하세요.

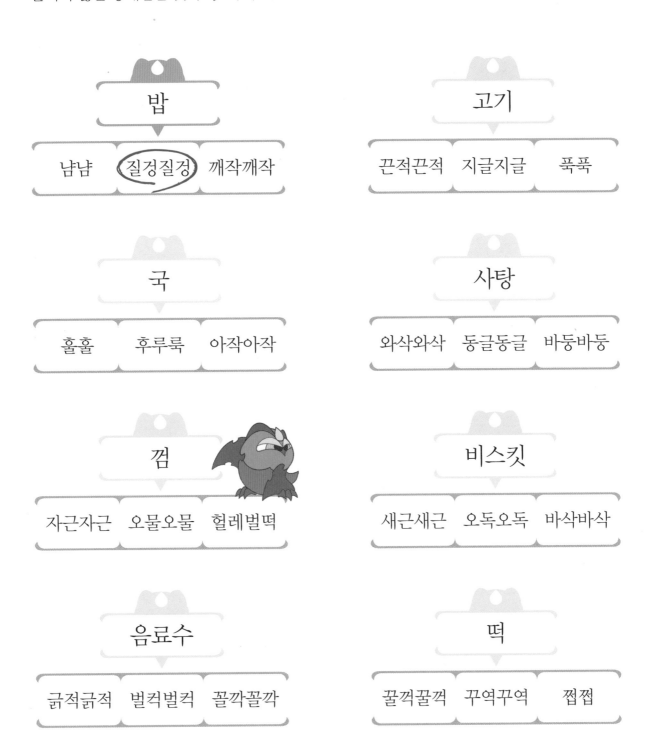

밥
냠냠　질경질경　깨작깨작

고기
끈적끈적　지글지글　푹푹

국
훌훌　후루룩　아작아작

사탕
와삭와삭　동글동글　바둥바둥

껌
자근자근　오물오물　헐레벌떡

비스킷
새근새근　오독오독　바삭바삭

음료수
꿀적꿀적　벌컥벌컥　꼴깍꼴깍

떡
꿀꺽꿀꺽　꾸역꾸역　쩝쩝

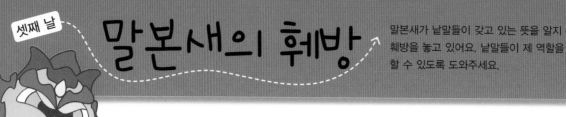

말본새의 훼방

말본새가 낱말들이 갖고 있는 뜻을 알지 못하게
훼방을 놓고 있어요. 낱말들이 제 역할을
할 수 있도록 도와주세요.

하나, 이다니까 낱말의 연상적 의미 알기

말본새가 음식을 가리키는 낱말을 빗대어 말하고 있어요. □ 안에 들어갈
알맞은 낱말을 찾아 ○ 하세요.

□은 곱슬머리다.
구불구불하니까.

국수   비스킷   (라면)

□는 고추다.
매우니까.

밥   떡볶이   케이크

뭉실뭉실은 구름처럼
둥글둥글하게 뭉쳐 있는 모양이야.

□은 구름이다.
뭉실뭉실하니까.

솜사탕   불고기   초콜릿

□는 실이다.
가늘고 기니까.

국수   떡볶이   사탕

□은 풀이다.
잘 붙으니까.

껌   빵   초콜릿

□은 빨래다.
비벼야 하니까.

비빔밥   국   토스트

둘, 제법 잘 어울려요 낱말의 주변적 의미 알기

짝지어진 두 낱말과 어울리는 낱말이 있는데 말본새가 먹어서 없애 버리려고 해요. 말본새가 먹어 치우기 전에 두 낱말과 어울리는 낱말을 찾아 ◯ 하세요.

비스킷　누룽지

물컹하다　딱딱하다　말랑하다

김치　나물

채소　케이크　빵

샌드위치　토스트

떡　빵　김치

아이스크림　빙수

얼음　찌개　튀김

초콜릿　사탕

달다　맵다　쓰다

라면　국수

길다　크다　넓다

빵　불고기

굽다　짓다　삶다

미역국　설렁탕

무치다　볶다　끓이다

셋, 머나 먼 친구 낱말의 의미 관계 알기

말본새가 세 낱말과 사이가 먼 낱말을 하나 끼워 두었어요. 가장 사이가 먼 낱말을 골라
◯ 하세요.

샌드위치	토스트
떡	냉면

불고기	설렁탕
떡국	찌개

라면	칼국수
짬뽕	케이크

 국물이 있고, 먹을 때 젓가락이 필요한 것이 있어.

빙수	아이스크림
냉면	설렁탕

아침밥	점심밥
볶음밥	저녁밥

콩	보리
쌀	김

 곡물이 아닌 것이 있어.

밥	국
김치	나물

껌	죽
밥	떡

 반찬이 아닌 것이 있어.

말본새의 심술

말본새가 낱말들의 쓰임새를 알지 못하게
심술을 부리고 있어요. 낱말들이 쓰임새에 따라
제 역할을 할 수 있도록 도와주세요.

하나, 어색한 사이 낱말의 주변적 의미 알기

말본새가 음식 낱말과 어울리지 않는 낱말을 은근슬쩍 끼워 넣었어요. 음식 낱말과 가장 어울리지 않는 낱말을 하나 골라 ◯ 하세요.

밥	사탕	초콜릿	떡
짓다	빨다	만들다	빚다
먹다	핥다	태우다	치다
(삶다)	갈다	먹다	찌다
하다	깨물다	핥다	묻히다
푸다	녹이다	녹이다	죽다

떡볶이	국수	비스킷	빵
볶다	뽑다	굽다	먹다
얼다	삶다	깨물다	굽다
섞다	굽다	씹다	바르다
졸이다	먹다	데우다	때우다
끓이다	비비다	만들다	씻다

둘, 낱말 무리의 대표 상하 관계의 낱말 알기

말본새가 서로 비슷하거나 닮은 낱말들을 잡아 놓았어요. 낱말들을 구하기 위해서는 낱말 무리를 대표할 수 있는 낱말을 찾아야 해요. 대표가 되는 낱말을 보기 에서 찾아 빈칸에 쓰세요.

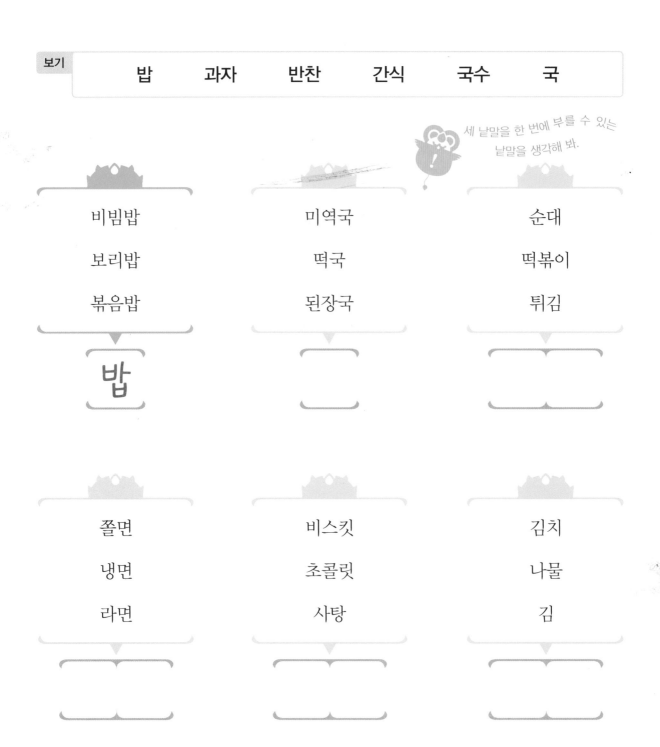

| 보기 | 밥 | 과자 | 반찬 | 간식 | 국수 | 국 |

세 낱말을 한 번에 부를 수 있는 낱말을 생각해 봐.

비빔밥
보리밥
볶음밥

밥

미역국
떡국
된장국

순대
떡볶이
튀김

쫄면
냉면
라면

비스킷
초콜릿
사탕

김치
나물
김

셋, 엉뚱엉뚱 낱말의 관용적 의미 알기

둘 이상의 낱말이 어울려 본래의 뜻과는 다른 말이 되었어요. 말본새가 심술을 부린 것이지요. 어떤 뜻인지 생각해 보고 알맞은 설명에 ✔ 하세요.

재는 거짓말을 밥 먹 듯해요.

✔ 거짓말을 예사로 자주 한다.
☐ 거짓말을 한 적이 없다.

언제 국수 먹게 해 줄래?

☐ 언제 결혼하는지 알려 줘.
☐ 언제 국수를 만들어 줄 거야?

오늘 시합은 죽을 쑤었다.

☐ 시합이 끝나고 죽을 먹었다.
☐ 시합을 아주 망쳐 버렸다.

코끼리 비스킷이다.

☐ 코끼리처럼 큰 과자다.
☐ 먹으나마나 한 게 양이 적다.

그 나물에 그 밥이다.

☐ 나물이 반찬으로는 최고다.
☐ 서로 어울리는 것이 짝이 될 만하다.

음식 낱말이 나오지만
음식과 거리가 먼 뜻이야 .

북새의 심통

북새가 지금까지 배운 낱말들을 알아볼 수 없도록 숨기거나 엉뚱하게 만들고 있어요. 북새의 심통에 낱말들이 도망가지 않도록 여러분이 지켜 주세요.

하나, 누구일까요? 음식 어휘 알기

북새가 음식 낱말을 몰래 숨겨 놓고 자기만 알 수 있게 그 음식을 생각하면 떠오르는 낱말을 비밀번호처럼 써 놓았어요. 어떤 음식 낱말인지 보기 에서 찾아 빈칸에 쓰세요.

| 보기 | 국수 김밥 떡국 김치 라면 비빔밥 케이크 사탕 |

길쭉	펭귄
나들이	둘둘

김 밥

생일	촛불
축하	카드

설날	나이
떡	차례

빨강	우리나라
매일	반찬

눈깔	이
달콤	막대

곱슬머리	냄비
봉지	달걀

밥	나물
버무림	양푼

젓가락	결혼
잔치	칼

둘, 알동말동요 음식 어휘 알기

북새가 노랫말들을 다른 낱말로 바꾸어 노래를 부르고 있어요. 음식 낱말을 많이 안다고 자랑하려고요. 여러분도 낱말을 바꾸어 불러 보세요.

원숭이 엉덩이는 빨개
빨가면 사과
사과는 맛있어
맛있으면 바나나
바나나는 길어
길면 기차

원숭이 엉덩이는 빨개
빨가면 떡볶이
떡볶이는 맛있어
맛있으면 칼국수
칼국수는 길어
길면 기차

● '사탕, 초콜릿, 국수, 솜사탕'으로 바꿔 보세요.

원숭이 눈알은 땡글

땡글면 ___사탕___

_____은 맛있어

맛있으면 _____

_____은 까매

까만 것은 머리칼

머리칼은 길어

길면 _____

_____는 하얘

하야면 _____

셋, 음식 낱말 지도 음식 어휘 알기

북새가 음식에 대한 생각을 할 수 없도록 음식 낱말 지도를 군데군데 지워 놓았어요. 낱말들이 이어져 있는 짜임새를 살펴보고, ☐ 안에 알맞은 글자를 써 넣어 지도를 완성하세요.

☐음밥　김밥　쌀밥　☐리밥

비☐밥

설☐탕

☐치

떡☐

밥

김　반찬　국

나☐　미역☐

사☐

음식

라☐

초콜☐　과자

면

냉면

비☐킷

간식

☐수

순☐　튀☐　떡☐이

넷째 주

옷4

옷가지 따위를
가리키는 낱말을 가지고
부엉이 요괴들이 심통을 부리고
있습니다. 요괴들에게서 낱말을
되찾아 옵시다.

낌새의 장난

낌새가 옷 낱말들을 알아보지 못하게 장난을 쳐 놓았어요. 낱말들이 본래의 모습으로 돌아갈 수 있도록 여러분이 도와주세요.

하나, 윗도리 아랫도리 옷 낱말 알아보기

낌새가 옷 낱말을 숨기려고 해요. 낌새가 숨기기 전에 옷 낱말들을 살펴보고 아랫도리는 '아래'에, 윗도리는 '위'에 ⭕ 하세요.

저고리	바지	치마
ⓦ 아래	위 아래	위 아래

윗도리는 몸의 허리 윗부분에 입는 옷이고,
아랫도리는 허리 아래 부분에 입는 옷이야.

조끼	팬티	스커트
위 아래	위 아래	위 아래

청바지	블라우스	셔츠
위 아래	위 아래	위 아래

둘, 뒤죽박죽 옷 낱말 회상하기

낌새가 몸에 쓰고, 신고, 끼고, 두르는 물건을 가리키는 낱말들을 마구 뒤섞어 놓았어요. 어떤 낱말인지 살펴보고, 2글자 낱말과 3글자 낱말을 각각 찾아 ☐ 안에 쓰세요.

양	화	자	장	타
발	버	목	스	리
두	크	동		

2글자 낱말

| 모 | 자 | | 신 | ☐ | | ☐ | 말 |

머리, 손, 발 등에 쓰거나
신는 것 들을 생각해 봐.

| ☐ | 선 | | ☐ | 갑 | | 구 | ☐ | | 장 | ☐ |

3글자 낱말

| ☐ | 도 | 리 | | 허 | ☐ | 띠 | | ☐ | 카 | 프 |

| 넥 | ☐ | 이 | | 운 | ☐ | 화 | | 마 | 스 | ☐ |

셋, 틀린 글자 찾기 옷 낱말 알아보기

낌새가 옷 낱말을 그와 비슷한 소리의 낱말로 바꿔 버렸어요. 낌새가 바꿔 놓은 낱말들을 살펴보고 올바른 옷 낱말로 고쳐 쓰세요.

귀고리
↓
저 고 리

반지
↓
지

토끼
↓
끼

반지, 토끼, 치타, 팬지, 범퍼, 버섯은 자음 하나만 없애거나 바꾸면 돼.

치타
↓
치

팬지
↓
팬

셔터
↓
셔

범퍼
↓
퍼

이바지
↓
바 지

버섯
↓
버

모양새의 방해

모양새가 낱말들이 어울려 새로운 낱말이 되는 걸 방해하고 있어요. 낱말들이 제자리를 찾아 새 낱말이 될 수 있도록 여러분이 도와주세요.

하나, 옷 낱말 만들기

둘 이상의 낱말이 결합된 낱말 알기

낱말과 낱말을 합치면 새로운 낱말을 만들 수 있어요. 옷도 만나는 낱말에 따라 여러 가지 옷 낱말이 되지요. 빈칸에 어울리는 옷 낱말을 쓰세요.

허리 위쪽의 몸은 윗몸,
위쪽의 물은 윗물,
위쪽에 입는 옷은?

윗 옷

겉으로 드러나는 마음은 겉마음,
겉으로 드러나는 모습은 겉모습,
겉에 입는 옷은?

잠을 자는 자리는 잠자리,
잠을 잘 때 하는 버릇은 잠버릇,
잠을 잘 때 입는 옷은?

비를 내리게 하는 구름은 비구름,
비가 내릴 때 부는 바람은 비바람,
비가 올 때 입는 옷은?

 이 문제는 성급하게 대답하면 안 돼!

겉으로 드러나지 않은 마음은 속마음,
겉으로 드러나지 않은 살은 속살,
몸에 직접 닿게 입는 옷은?

서양에서 들여온 초는 양초,
서양에서 들여온 배추는 양배추,
서양에서 들여온 옷은?

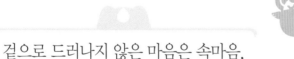

옷 **63**

둘, 같은 꼬리 낱말 낱말의 형태 알아보기

모양새가 옷 낱말 가운데 꼬리 부분이 같은 낱말들을 짝지어 놓았어요. 그런데 옷 낱말이 아닌 것을 슬쩍 끼워 놓았네요. 세 낱말과 가장 거리가 먼 것을 골라 ◯ 하세요.

반바지	청바지
양복바지	(이바지)

'이바지'는 도움이 되게 힘을 쓴다는 뜻이야.

나막신	어르신
꼬까신	짚신

'꼬까신'은 어린아이가 신는 빛깔이 알록달록한 신발이야.

윗도리	목도리
장도리	아랫도리

못을 박거나 뺄 때 쓰는 물건이 있어.

갑옷	시옷
속옷	비옷

수영복	양복
한복	행복

저고리	귀고리
문고리	열쇠고리

여기서는 옷 낱말을 찾아야 돼!

셋, 외국에서 온 옷 이름 낱말의 형태 알아보기(외래어)

모양새가 외국에서 온 옷 이름을 세 가지로 말하고 있는데, 셋 중 맞는 것은 하나뿐이에요.
세 낱말 가운데 올바른 것을 골라 ✔ 하세요.

☐ 완피스
✔ 원피스
☐ 윈삐스

☐ 스웨타
☐ 스웨트
☐ 스웨터

☐ 티사쓰
☐ 티셔츠
☐ 티셔쓰

☐ 스카트
☐ 스커트
☐ 스커터

☐ 블라우스
☐ 브라우스
☐ 블러우스

☐ 팬티
☐ 빼티
☐ 빤스

말본새의 훼방

말본새가 낱말들이 갖고 있는 뜻을 알지 못하게 훼방을 놓고 있어요. 낱말들이 제 역할을 할 수 있도록 도와주세요.

하나, 한국말은 어려워 낱말의 중심적 의미 알기

우리말을 배우기 시작한 외국인이 말을 이상하게 하네요. 이게 다 말본새가 그 외국인의 머릿속에 끼어들어 장난질을 한 탓이에요. 빨간색으로 표시된 낱말을 바르게 고치세요.

모자를 예쁘게 입었네요. ▶ 모자를 예쁘게 __썼네요__.

신발을 잘못 끼었습니다. ▶ 신발을 잘못 _____.

수영복을 매고 왔습니다. ▶ 수영복을 _____ 왔습니다.

스카프를 신고 갑니다. ▶ 스카프를 _____ 갑니다.

장갑을 두르고 갈까요? ▶ 장갑을 _____ 갈까요?

넥타이를 꼭 걸쳐야 해요? ▶ 넥타이를 꼭 _____ 해요?

둘, 세 낱말 사이 낱말의 의미 관계 알기

말본새가 세 낱말씩 짝을 지어 놓았는데 짝지어진 세 낱말들은 서로 관계가 있었어요. 어떤
관계인지 생각해 보고, 빈칸에 알맞은 낱말을 쓰세요.

첫째 칸은 몸의 부분, 둘째 칸은 옷 낱말,
셋째 칸은 동작을 나타내.

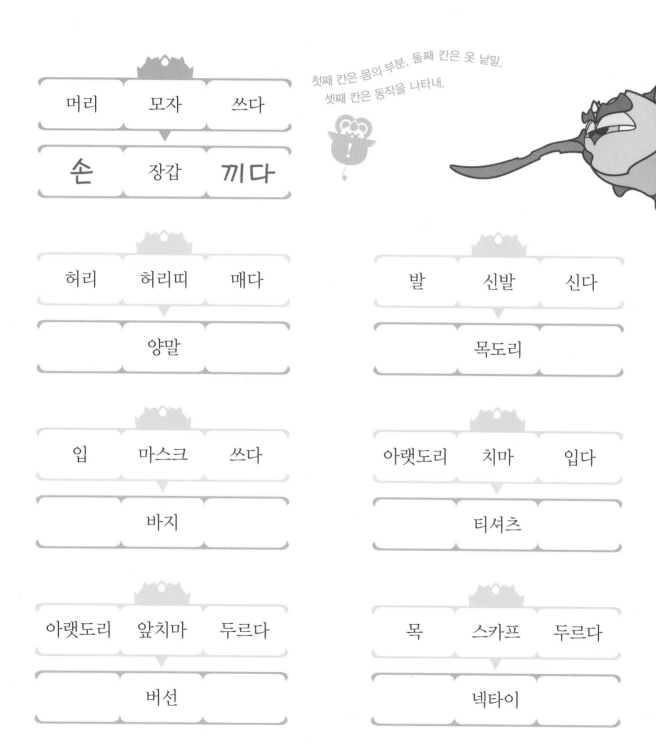

| 머리 | 모자 | 쓰다 |

| **손** | 장갑 | **끼다** |

| 허리 | 허리띠 | 매다 |

| | 양말 | |

| 발 | 신발 | 신다 |

| | 목도리 | |

| 입 | 마스크 | 쓰다 |

| | 바지 | |

| 아랫도리 | 치마 | 입다 |

| | 티셔츠 | |

| 아랫도리 | 앞치마 | 두르다 |

| | 버선 | |

| 목 | 스카프 | 두르다 |

| | 넥타이 | |

셋, 라면이라면 낱말의 의미 관계 알기

말본새가 옷 낱말을 라면 먹듯이 후루룩 먹고는 계속 '라면', '라면' 하면서 중얼댑니다. 말본새가 먹어 버린 낱말은 무엇일까요? 보기 에서 알맞은 낱말을 찾아 ☐ 안에 쓰세요.

보기   장갑 허리띠 버선 속옷 가죽옷 스커트 저고리 두루마기

- 발이 양말이라면, 손은 　장　갑　이다.

- 목이 넥타이라면, 허리는 　　　　　　다.

- 스카프가 목도리라면, 양말은 　　　　이다.

- 스커트가 치마라면, 티셔츠는 　　　　　다.

- 바지가 겉옷이라면, 팬티는 　　　　이다.

- 양복이 한복이라면, 코트는 　　　　　　다.

- 스웨터가 털옷이라면, 갑옷은 　　　　　이다.

- 윗도리가 조끼라면, 아랫도리는 　　　　　다.

말본새의 심술

말본새가 낱말들의 쓰임새를 알지 못하게
심술을 부리고 있어요. 낱말들이 쓰임새에 따라
제 역할을 할 수 있도록 도와주세요.

하나, 어떤 옷일까? 낱말의 연상적 의미 알기

말본새가 옷 낱말들을 잡아 두었어요. 어떤 낱말이 잡혀 있는지 알려면 세 낱말
과 가장 가까운 낱말을 찾아야 해요. 빈칸에 알맞은 글자를 쓰세요.

오줌싸개	창피	삼각형

팬 티

여자	아랫도리	앞

마

쌍둥이	외짝	켤레

발

뚜껑	머리	빵

자

우산	비닐	방수

옷

설날	울긋불긋	아기

까

여름	반 토막	다리

바

여우	목	겨울

도

둘, 순우리말, 외국말 낱말의 중심적 의미 알기

말본새가 외국에서 들어온 옷 낱말을 숨겨 놓고 순우리말로 바꾸어 말하고 있어요. 어떤 옷 낱말인지 보기 에서 찾아 빈칸에 쓰세요.

보기   스카프   팬티   마스크   블라우스   스커트   원피스

외국에서 들어온 말인데,
우리말처럼 쓰이는 것을 외래어라고 해.

입 가리개

마 스 크

치마 저고리

목 머리 두르개

찰싹 치마

속옷 반바지

넉넉 저고리

셋, 엉뚱엉뚱 낱말의 관용적 의미 알기

둘 이상의 낱말이 어울려 본래의 뜻과는 전혀 다른 말이 되었어요. 말본새가 심술을 부린 것이지요. 어떤 뜻인지 생각해 보고 알맞은 설명에 ✔ 하세요.

옷이 날개다.

☐ 옷을 입어야 날 수 있다.
✔ 옷이 좋으면 사람이 돋보인다.

너, 남대문이 열렸다.

☐ 너, 남대문으로 가야 해.
☐ 너, 바지 지퍼가 열렸다.

첫 단추를 잘못 끼웠다.

☐ 어떤 일의 시작을 잘못했다.
☐ 옷을 바로 입어라.

신 신고 발바닥을 긁는다.

☐ 해 봐야 소용없는 일이다.
☐ 발바닥이 아주 간지럽다.

나를 핫바지로 아는 거야?

☐ 나는 핫바지처럼 생겼다.
☐ 나를 시골 사람으로 보다.

친구는 바지까지 벗어 주었다.

☐ 바지까지 도둑맞았다.
☐ 가진 것을 모두 다 주었다.

북새의 심통

북새가 지금까지 배운 낱말들을 알아볼 수 없도록 숨기거나 엉뚱하게 만들고 있어요. 북새의 심통에 낱말들이 도망가지 않도록 여러분이 지켜 주세요.

하나, 벌거숭이 마네킹 옷 어휘 알기

북새가 마네킹이 걸치고 있던 옷들을 가지고 가 버렸어요. **보기** 에 주어진 옷 낱말을 이용해 마네킹에게 옷을 입혀 주세요.

답이 여러 개인 것도 있어.

보기						
모자	스카프	목도리	허리띠	양말	버선	신발
장갑	스웨터	티셔츠	조끼	바지	치마	스커트

• 머리에는 _____모자_____

• 목에는 _____

• 윗몸에는 _____

• 손에는 _____

• 허리에는 _____

• 아랫몸에는 _____

• 발에는 _____

둘, 알동말동요 옷 어휘 알기

북새가 노랫말을 다른 낱말로 바꾸어 노래를 부르고 있어요. 옷 낱말을 많이 안다고 자랑하려고요. 여러분도 낱말을 바꾸어 불러 보세요. 북새보다 더 잘할 수 있죠?

도깨비 빤스는 튼튼해요
질기고도 튼튼해요
호랑이 가죽으로 만들었어요
이천 년 입어도 까딱없어요

도깨비 빤스는 더러워요
냄새나요 더러워요
호랑이 가죽으로 만들었어요
이천 년 동안 안 빨았어요

→

도깨비 셔츠는 튼튼해요
질기고도 튼튼해요
꼬꼬닭 가죽으로 만들었어요
이천 년 입어도 까딱없어요

도깨비 셔츠는 꼭 끼어요
착 붙어요 꼭 끼어요
꼬꼬닭 가죽으로 만들었어요
이천 년 동안 안 늘어나요

◉ '바지나 치마'로 바꿔 보세요.

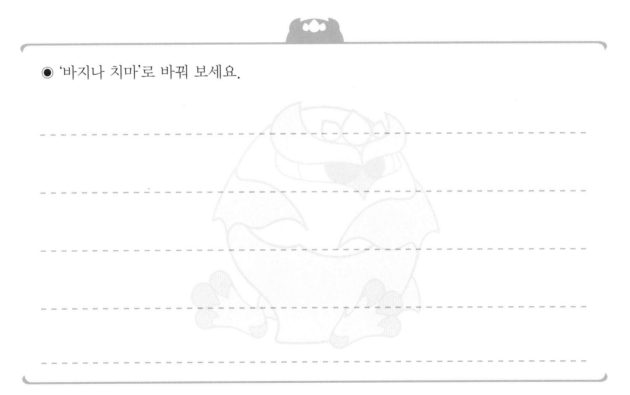

셋, 옷 낱말 지도 _{옷 어휘 알기}

셋, 옷 낱말 지도 옷 어휘 알기

북새가 옷에 대한 생각을 할 수 없도록 옷 낱말 지도를 군데군데 지워 놓았어요. 낱말들이 이어져 있는 짜임새를 살펴보고, ☐ 안에 알맞은 글자를 써 넣어 지도를 완성하세요.

☐ 퍼   ☐ 고리   ☐ 끼

☐ 츠   스웨터

☐ 갑   윗도리

                                속옷   ☐ 티

스카프

옷가지   옷

모 ☐   ☐ 지

                          아랫도리

                                    치마

목 ☐ 리   양 ☐   신발   ☐ 바지

고무 ☐   구두   운 ☐ 화

다섯째 주

집 5

집이나 집을 이루는 것을
가리키는 낱말을 가지고
부엉이 요괴들이 심통을 부리고
있습니다. 요괴들에게서 낱말을
되찾아 옵시다.

낌새의 장난

낌새가 집 낱말들을 알아보지 못하게 장난을 쳐 놓았어요. 낱말들이 본래의 모습으로 돌아갈 수 있도록 여러분이 도와주세요.

하나, 숨은 낱말 찾기 집 낱말 회상하기

집들의 설명을 잘 읽고 무슨 집인지 생각해서 글자판에서 찾아 하나씩 지워 보세요. 그럼 남는 글자가 있을 거예요. 남는 글자가 가리키는 집은 무엇인지 ☐ 안에 쓰세요.

- 지붕에 기와를 얹어 지은 집 : 기**와**집

- 벽돌을 쌓아 올려서 지은 집 : 벽☐집

- 켜거나 짜개지 아니한 통째로의 나무로 지은 집 : 통☐☐집

- 층마다 여러 집으로 나누어 따로 살림을 할 수 있도록 만든 집 : 아☐트

- 우리나라 본래의 형식으로 지은 집 : ☐옥

- 사람이 겨우 들어갈 정도로 작고 초라한 집 : 오☐막

- 판자로 사방을 둘러서 벽을 만든 허술한 집 : ☐잣집

- 이층으로 지은 집 : 이☐집

- 임금이 자리를 잡고 사는 집 : ☐궐

- 땅을 파고 위에 가마니 따위를 얹어 만든 집 : ☐집

- 경치 좋은 곳에 별장처럼 지은 집 : 빌☐

- 호텔처럼 지은 고급 아파트 : ☐션

기	아	오	한	접
집	와	옥	층	두
돌	파	트	빌	궁
집	잣	집	펜	라
벽	까	집	션	판
궐	이	치	나	무
막	움		집	통

□ □ 집

둘, 낱말 징검다리 집 낱말 알아보기

낍새가 낱말성으로 가는 징검다리마다 낱말의 한 군데씩을 엉뚱하게 만들어 놓았어요. 낱말들은 모두 집의 어느 한 곳을 가리킨대요. 보기 를 보고 ☐ 안에 바르게 고쳐 쓰세요.

보기						
굴뚝	마당	다락	화장실	지붕	벽	지하실
옥상	천장	부엌	거실	안방	창문	마루

한방

안	방

역

☐

머루

☐ ☐

자락

☐ ☐

불뚝

☐ ☐

진실

☐ ☐

부엉

☐ ☐

속상

☐ ☐

천당

☐ ☐

지분

☐ ☐

마땅

☐ ☐

참문

☐ ☐

회장실

☐ ☐ ☐

지나실

☐ ☐ ☐

모양새의 방해

모양새가 낱말들이 어울려 새로운 낱말이 되는 걸 방해하고 있어요. 낱말들이 제자리를 찾아 새 낱말이 될 수 있도록 여러분이 도와주세요.

하나, 한 글자 낱말 문 낱말의 형태 알아보기

낱말성에 도착했지만 성문이 꼭꼭 닫혀 있어요. 성문을 열기 위해서는 모양새가 만든 한 글자 집과 관계있는 낱말 열쇠 7개를 구해야 해요. 네 개의 낱자 중 세 개를 이용해 한 글자 집 낱말을 만들어 보세요.

낱자는 낱말을 이루는 자음과 모음을 말해. 예를 들어 '집'은 'ㅈ', 'ㅣ', 'ㅂ'의 세 낱자로 되어 있지.

ㅈ ㅂ ㅣ ㄱ → 집

ㅁ ㅜ ㄴ ㄹ →

ㅕ ㄱ ㅑ ㅂ →

ㅡ ㄹ ㄸ ㅅ →

ㄷ ㅁ ㅏ ㅎ →

ㅗ ㅏ ㅂ ㅇ →

ㅇ ㅏ ㅊ ㅍ →

둘, 낱말 합치기 둘 이상의 낱말이 결합된 낱말 알아보기

모양새가 새롭게 만들어진 낱말을 알지 못하게 하려고 잘못 쓴 낱말들과 섞어 놓았어요. 바르게 쓰인 새 낱말을 찾아 ◯ 하세요.

위쪽에 이웃하여 있거나
지대가 높은 곳에 있는 집은?

위찝   윗찝   (윗집)

살림에 쓰는 물건이나
막 쓰는 물건을 쌓아 두는 곳은?

헛간   허깐   헛깐

집채 안에 바닥과 사이를
띄우고 깐 널빤지의 바닥은?

마루빠닥   마룻바닥   마룻빠닥

정문 외에 따로 드나들도록
만든 작은 문은?

새문   샛문   샌문

낱말을 쓸 때 소리 나는 대로 쓰면 안 돼.

집터에 속해 있거나
집 가까이 있는 밭은?

터밭   텃밭   터빹

마주 대하고 있는 저편에
있는 방은?

건넛방   건너빵   건넛빵

셋, 낱말가리개 둘 이상의 낱말이 결합된 낱말 알아보기

모양새가 끄트머리가 같은 낱말들의 마지막 글자를 지워 버렸어요. 세 낱말의 □에 모두 쓰일 수 있는 한 글자는 무엇인지 생각해 보고 알맞은 글자에 ◯ 하세요.

온□   섬□   벽□

돌   방   뜰

대□   창□   뒷□

담   문   벽

'문간□'은 문을 열면 바로 있는 □이야.

공부□   건넛□   문간□

뜰   방   막

이층□   얼음□   초가□

막   옥   집

화장□   지하□   침□

담   방   실

가□   한□   양□

집   옥   담

안□   앞□   뒤□

뜰   집   실

오두□   부뚜□   움□

집   문   막

말본새의 훼방

말본새가 낱말들이 갖고 있는 뜻을 알지 못하게 훼방을 놓고 있어요. 낱말들이 제 역할을 할 수 있도록 도와주세요.

하나, 단짝 낱말  낱말의 주변적 의미 알기

말본새가 사이가 좋은 두 낱말을 함께 숨겨 놓았는데, 다행히 두 낱말 중 한 낱말은 알 수 있어요. ☐ 안에 들어갈 낱말을 **보기** 에서 찾아 쓰세요.

보기	세면대	문짝	굴뚝	화단	부뚜막	건넛방	계단

• 아궁이가 있으면, ☐굴☐ ☐뚝☐ 이 있기 마련이지요.

• 부엌이 있으면, ☐ ☐ ☐ 이 있기 마련이지요.

• 화장실이 있으면, ☐ ☐ ☐ 가 있기 마련이지요.

• 이층이 있으면, ☐ ☐ 이 있기 마련이지요.

• 문이 있으면, ☐ ☐ 이 있기 마련이지요.

• 마루가 있으면, ☐ ☐ ☐ 이 있기 마련이지요.

• 뜰이 있으면, ☐ ☐ 이 있기 마련이지요.

둘, **엎치나 메치나** 유의 관계의 낱말 알기

말본새가 서로 뜻이 비슷하거나 같은 낱말을 짝지어 숨겨 놓았는데, 다행히 두 낱말 중 한 낱말은 알 수 있어요. ☐ 안에 들어갈 낱말을 **보기** 에서 찾아 쓰세요.

보기
뒷간	주방	부뚜막	담	꽃밭	대궐	헛간

- 엎치나 메치나, 싱크대나 **부 뚜 막** 이나, 마찬가지!

- 엎치나 메치나, 부엌이나 ☐☐ 이나, 마찬가지!

- 엎치나 메치나, 창고나 ☐☐ 이나, 마찬가지!

- 엎치나 메치나, 화장실이나 ☐☐ 이나, 마찬가지!

- 엎치나 메치나, 울타리나 ☐ 이나, 마찬가지 !

- 엎치나 메치나, 궁궐이나 ☐☐ 이나 마찬가지!

- 엎치나 메치나, 화단이나 ☐☐ 이나 마찬가지!

셋, 개밥에 도토리 상하 관계의 낱말 알기

말본새가 낱말들을 없애기 위해 시한폭탄을 설치해 놓았어요. 시한폭탄을 멈추기 위해서는
시한폭탄에 쓰인 네 낱말 중 어울리지 않는 한 낱말을 찾아내야 해요. 개밥에 도토리 같이 어
울리지 않는 한 낱말에 ◯ 하세요.

살림집	가정집
이웃집	벌집

기와집	초가집
벽돌집	외딴집

빵집	밥집
꽃집	칼집

 사람이 사는 집이 아닌 낱말이 있어.

맷집	몸집
살집	떡집

큰집	외갓집
시골집	친정집

부잣집	기와집
판잣집	이층집

 사람의 몸과 관련 없는 낱말이 있지.

골목집	옆집
외딴집	이층집

까치집	두꺼비집
똥집	개미집

 *집의 모양을 나타내는 낱말을 찾아봐.*

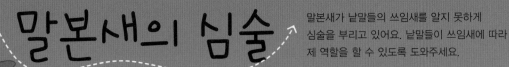

말본새의 심술

말본새가 낱말들의 쓰임새를 알지 못하게
심술을 부리고 있어요. 낱말들이 쓰임새에 따라
제 역할을 할 수 있도록 도와주세요.

하나, 맞지? 맞지! 낱말의 중심적 의미 알기(한자어)

말본새가 중얼거리며 같은 소리와 같은 뜻을 가진 글자들로 새 낱말을 만들고
있어요. ☐ 안에 들어갈 알맞은 낱말을 쓰세요.

한복은 우리나라 옷　　　　양옥은 서양식으로 지은 집
한약은 우리나라 약　　　　감옥은 죄인을 가두어 두는 집
한식은 우리나라 음식　　　가옥은 사람이 사는 집
그럼, 한은 우리나라네.　　그럼, 옥은 집이네.

따라서 ☐☐ 은 우리나라 집, 맞지?

앞에 나오는 공통 글자와 뒤에 나오는 공통 글자를 합쳐 봐.

지하철은 땅속으로 다니는 기차　　화장실은 화장하는 방
지하도는 땅속으로 난 길　　　　　사무실은 사무 보는 방
지하수는 땅속에 흐르는 물　　　　거실은 거처하는 방
그럼, 지하는 땅속이네.　　　　　　그럼, 실은 방이네.

따라서 ☐☐☐ 은 땅속 방, 맞지?

잡초는 잡스런 풀　　　　　원두막은 채소를 지키려고 밭에 지은 집
약초는 약이 되는 풀　　　　오두막은 작고 초라한 집
독초는 독이 되는 풀　　　　움막은 땅을 파고 거적을 씌운 집
그럼, 초는 풀이네　　　　　그럼, 막은 집이네

따라서 ☐☐ 은 풀로 만든 집, 맞지?

둘, 같은 소리 다른 뜻 동음이의 관계의 낱말 알기

말본새가 말하고 있는 세 글 중에는 같은 낱말이지만 다른 뜻을 가진 것이 하나 있어요. 빨간 색 낱말들 중에서 다른 뜻을 가진 낱말을 찾아 ✔ 하세요.

셋 중 하나는 집과 관계 없는 낱말이야.

☐ 신발을 벗고 마루에 올라오세요.
☐ 할머니는 아기를 데리고 마루에 걸터앉아 계셨다.
☑ 앞산 마루에 뎅그렇게 걸린 해를 보고 있었다.

☐ 담이 낮아 옆집 창문이 보인다.
☐ 길 양쪽으로 담이 둘러쳐 있었습니다.
☐ 조그만 녀석이 담도 크다.

☐ 불빛이 복도로 흘러나오고 있었어요.
☐ 어쩜 넌, 그렇게 복도 없니?
☐ 얼마나 잘 닦았는지 복도가 반들거린다.

☐ 우리에 갇힌 호랑이 신세와 같구나.
☐ 돼지우리도 여기보다는 깨끗하겠다.
☐ 우리는 꼭 다시 만나게 될 거야.

☐ 마당이 넓은 집이었으면 좋겠어요.
☐ 급한 마당에 인사는 해서 뭐합니까?
☐ 이 녀석아, 얼른 일어나 마당이라도 좀 쓸어!

셋, 엉뚱엉뚱 낱말의 관용적 의미 알기

말본새가 심술을 부려 둘 이상의 낱말이 어울려 본래의 뜻과는 전혀 다른 말이 되게 했어요.
어떤 뜻인지 생각해 보고 알맞은 설명에 ✔ 하세요.

얌전한 고양이가
부뚜막에 먼저
오른다.
▸
✔ 겉으로는 얌전한 사람이 딴 짓을 한다.
☐ 얌전한 고양이는 잡아먹히기 쉽다.

결국 그 가게는
문을 닫고 말았다.
▸
☐ 문을 꼭꼭 잠그고 말았다.
☐ 장사를 그만두었다.

일을 하다가
벽에 부딪쳤다.
▸
☐ 심하게 머리를 다쳤다.
☐ 어떤 것에 가로막혔다.

닭 쫓던 개 지붕
쳐다보듯 한다.
▸
☐ 일이 실패해 어찌할 도리가 없다.
☐ 서로 아무도 관심이 없다.

마음이 굴뚝같다.
▸
☐ 마음이 엉큼하고 못됐다.
☐ 무언가를 애타게 원하다.

북새의 심통

북새가 지금까지 배운 낱말들을 알아볼 수 없도록 숨기거나 엉뚱하게 만들고 있어요. 북새의 심통에 낱말들이 도망가지 않도록 여러분이 지켜 주세요.

하나, 꼴까닥 먹은 낱말 집 어휘 알기

북새가 집 낱말을 꼴까닥 먹어 버렸어요. 네 낱말을 살펴보고 북새가 먹은 집 낱말이 무엇인지 보기 에서 찾아 빈칸에 쓰세요.

보기 침실 화장실 계단 현관 부엌 아파트 거실 마루

오르락내리락	쿨쿨	냠냠	오밀조밀
층층	밤	설거지	단지
차례	침대	식탁	동
에스컬레이터	방	요리	호
계 단			

딩동딩동	오순도순	미끈미끈	똑똑똑
신발	소파	바닥	비누
문	가족	건넛방	휴지
문간	휴식	널빤지	세면대

둘, 말 자국, 글 자취 집 어휘 알기

집 낱말을 훔쳐 달아난 북새를 쫓아가려고 해요. 북새가 남긴 말 자국을 살펴보면 말 끄트머리가 모두 같아요. 이 낱말을 사용해서 □ 안에 집 낱말을 써 넣으면 따라잡을 수 있어요. 보기 를 보고 골라 쓰세요.

보기

| 안뜰 | 마룻바닥 | 창문 | 디딤돌 | 오두막 | 침실 | 굴뚝 |

불뚝불뚝   팔뚝   우뚝우뚝   굴 뚝

알뜰   뒤뜰   앞뒤뜰   알뜰살뜰   □□

찰파닥   방바닥   빼가닥   □□□□

드문드문   솟을대문   해 저문   □□

방실방실   거실   몽실몽실   □□

깐돌깐돌   온돌   오돌토돌   □□□

부뚜막   원두막   올막졸막   □□□

셋, 집 낱말 지도 집 어휘 알기

북새가 집에 대한 생각을 할 수 없도록 집 낱말 지도를 군데군데 지워 놓았어요. 낱말들이 이어져 있는 짜임새를 살펴보고, ☐ 안에 알맞은 글자를 써 넣어 지도를 완성하세요.

☐ 넛방 ☐ ☐ 실 안 ☐

거 ☐

침실

방 ☐ 문

문

현 ☐

벽

담 대문

집

창 ☐

마루 복 ☐

☐ 억

천 ☐

뜰 ☐ 붕

부 ☐ 막

☐ 당 화 ☐

여섯째 주

직업 6

의사나 선생님 같은 직업을
가리키는 낱말을 가지고
부엉이 요괴들이 심통을 부리고
있습니다. 요괴들에게서 낱말을
되찾아 옵시다.

낌새의 장난

낌새가 직업 낱말들을 알아보지 못하게 장난을 쳐 놓았어요.
낱말들이 본래의 모습으로 돌아갈 수 있도록
여러분이 도와주세요.

하나, 낱말 꼬리 물기 직업 낱말 알아보기

낌새가 낱말 풀이 속의 낱말들을 꼬리에 꼬리를 물어 연결시켜 놓았어요.
그런데 어떤 낱말들은 □로 가려 놓았네요. 가려진 낱말을 보기 에서 찾
아 □ 안에 쓰세요.

어떤 일에 알맞은 성질이나 적응하는 힘, 또는 그와 같은 소질이나   성 격

보기   성격   성공

살림을 살아 나갈 □ □ 또는 현재 살림을 살아가고 있는 형편

보기   방도   방석

직업 : 생계를 유지하기 위하여 자신의 적성과

어떤 상태를 그대로 보전하거나 변함없이 계속하여 지탱함

잘 보호하고 □ □ 하여 남김

보기   간수   간장

오래 □ 티거나 배겨 냄

보기   귀   버

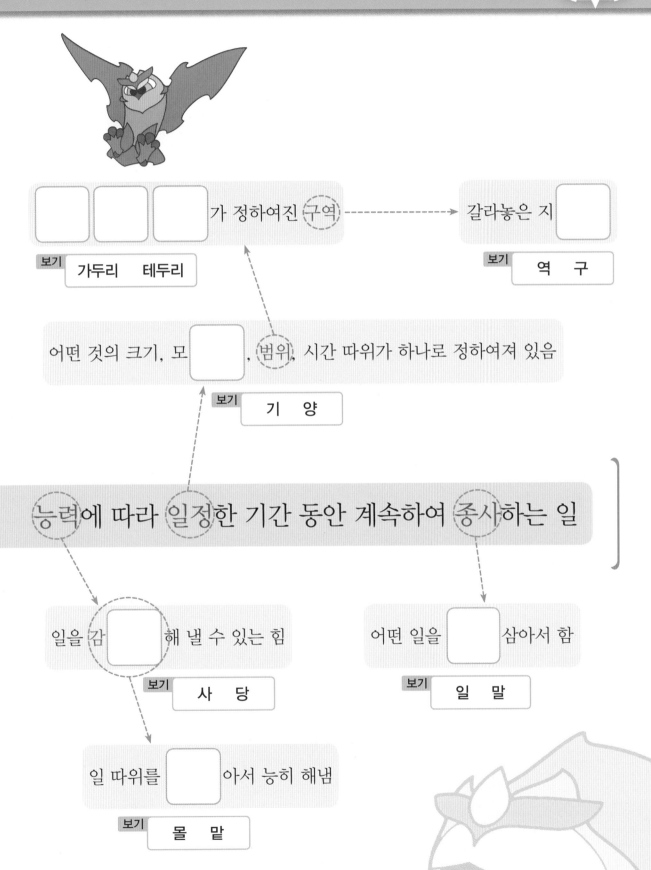

□□□ 가 정하여진 구역 ----→ 갈라놓은 지□

보기　가두리　테두리

보기　역　구

어떤 것의 크기, 모□, 범위, 시간 따위가 하나로 정하여져 있음

보기　기　양

능력에 따라 일정한 기간 동안 계속하여 종사하는 일

일을 감□ 해 낼 수 있는 힘

보기　사　당

어떤 일을 □ 삼아서 함

보기　일　말

일 따위를 □ 아서 능히 해냄

보기　몰　맡

둘, 방해공작새 직업 낱말 회상하기

낌새가 방해공작새를 내세워 낱말성에 들어가지 못하게 하고 있어요. 낱말성에 들어가려면 방해공작새의 빈틈을 찾아야 해요. 방해공작새의 깃에 쓰인 낱말 가운데 직업을 가리키는 낱말이 아닌 것이 바로 빈틈이에요. 직업이 아닌 낱말들을 모두 찾아 ◯ 하세요.

기업가　기사　조종사

휴가　정치가　인사　외가　기자

가수　공무원　이발사　미용사　탐험가　혼자　교육자

성악가　두부　천사　의사　약사　광부

제사　과학자　간호사　작가

소설가　여자

모양새의 방해

모양새가 낱말들이 어울려 새로운 낱말이 되는 걸 방해하고 있어요. 낱말들이 제자리를 찾아 새 낱말이 될 수 있도록 여러분이 도와주세요.

하나, 엉뚱한 꼬리 글자 낱말의 형태 알아보기

모양새가 직업 낱말들을 잡아 와서 꼬리 글자를 엉뚱하게 바꿔 버렸어요. 빈칸에 '원, 가, 인, 공, 관'을 넣어 꼬리 글자를 바르게 고치세요.

공무가	정치사	소설부
공 무 원	정 치	소 설

회사자	연예부	수리가
회 사	연 예	수 리

경찰인	외교공	음악자
경 찰	외 교	음 악

둘. 사전 감옥 낱말의 형태 알아보기

모양새가 직업 낱말들의 모양을 슬쩍 바꾸어서 사전 속에 가두어 놓았어요. 이들을 구하려면
뜻풀이를 살펴보고, 직업 낱말을 바르게 고쳐 쓰면 되지요. ☐ 안에 알맞은 낱말을 쓰세요.

베우

| 배 | 우 |

연극이나 영화 따위에
등장하는 인물이 되어 연기를
하는 사람

석수쟁이

| | | | |

돌을 다루어 물건을 만드는
일을 일삼는 사람

스튜디스

| | | | | |

비행기나 배 따위에서
손님들을 돌보는 일을 맡아서
하는 여자

어나운서

| | | | |

뉴스를 전하거나 사회를 보거나
중계방송을 맡아 하는 사람

교육사

| | | |

지식과 기술 따위를 가르치며
사람다움을 길러 주는 일을
일삼아서 하는 사람

셋, 눈사람 냉장고 낱말의 형태 알아보기

모양새가 냉장고 속의 얼음에 직업 낱말들을 꽁꽁 얼려 놓았어요. 얼어 있는 세 낱말을 보고
☐ 안에 알맞은 글자를 써 넣어서 직업 낱말을 완성하세요. 그러면 꽁꽁 언 낱말들을 구출할
수 있어요.

약국 약방 약품

| 약 | 사 |

소방서 소방차 소방대

| 소 | 방 | |

어촌 어선 어장

| 어 | |

악기 악보 악단

| 악 | |

가요 가무 가사

| 가 | |

군대 군사 군복

| 군 | |

농사 농업 농촌

| 농 | |

상업 상점 상가

| 상 | |

경찰서 경찰차 경찰복

| 경 | 찰 | |

법원 법률 법학

| 법 | |

조종실 조종간 조종석

| 조 | 종 | |

말본새의 훼방

말본새가 낱말들이 갖고 있는 뜻을 알지 못하게 훼방을 놓고 있어요. 낱말들이 제 역할을 할 수 있도록 도와주세요.

하나, 머나 먼 친구 낱말의 의미 관계 알기

말본새가 세 낱말과 사이가 먼 낱말 하나를 끼워 놓았어요. 세 낱말과 가장 거리가 먼 낱말을 골라 ◯ 하세요.

변호사	재판관
법관	의사 ◯

배우	기업가
연예인	가수

시인	소설가
탐험가	작가

공무원	소방관
외교관	박물관

어부	농부
광부	놀부

기관사	운전사
과학자	승무원

기업가	실업가
자본가	서예가

상인	작가
예술인	무용가

둘, 어떤 직업? 낱말의 주변적 의미 알기

말본새가 직업 낱말을 잡아다 감추어 놓았어요. 감추어 놓은 네 낱말과 잘 어울리는 직업 낱
말을 보기 에서 찾아 빈칸에 쓰세요.

보기 | 과학자   성악가   선원   백정   수리공   세관원

배	운전
손님	돌보다

선 원

공항	항구
공무원	검사

옛날	돼지
소	잡다

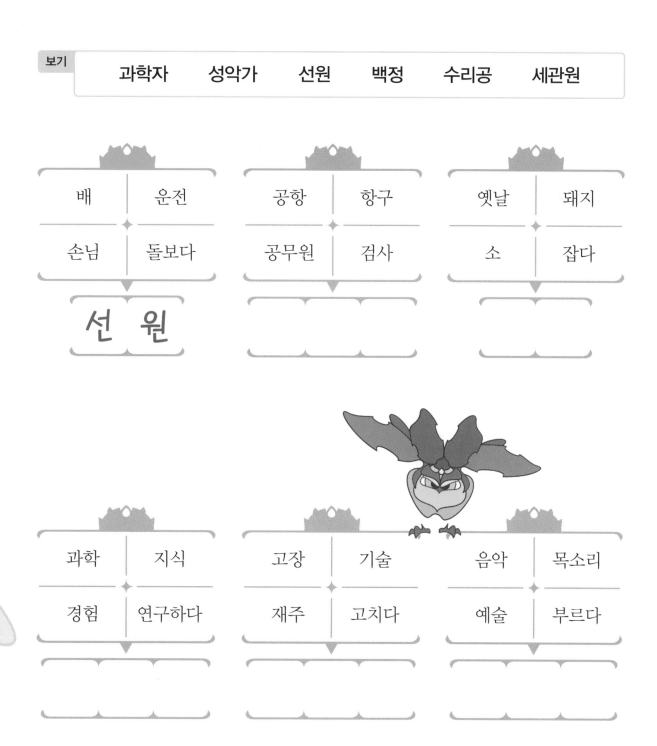

과학	지식
경험	연구하다

고장	기술
재주	고치다

음악	목소리
예술	부르다

셋, 단짝 낱말 낱말의 주변적 의미 알기

말본새가 직업 낱말과 어울리지 않는 낱말들을 마구 섞어 놓았어요. 직업 낱말과 가장 잘 어울리는 낱말을 골라 ◯ 하세요.

서예가
부르다
(쓰다)
춤추다

상인
타다
연주하다
팔다

군인
지키다
춤추다
가르치다

배우
연기하다
노래하다
연주하다

정치가
날다
짓다
다스리다

수리공
그리다
고치다
잡다

이발사
운전하다
지키다
깎다

사공
차다
젓다
세우다

경찰관
사냥하다
보호하다
읽다

농부
숨다
웃다
키우다

의사
짓다
치료하다
만들다

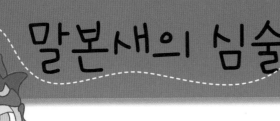

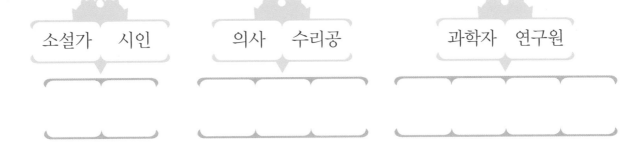

말본새의 심술

말본새가 낱말들의 쓰임새를 알지 못하게
심술을 부리고 있어요. 낱말들이 쓰임새에 따라
제 역할을 할 수 있도록 도와주세요.

하나, 닮은 이 닮은 일   낱말의 주변적 의미 알기

말본새가 비슷한 직업 낱말을 둘 씩 잡아다가 함께 묶어 놓았어요. 두 낱말을 구하려면 두 낱말과 가장 잘 어울리는 표현을 찾아야 해요.   보기 에서 알맞은 낱말을 찾아 빈칸에 쓰세요.

보기

| 고치다 | 부르다 | 지키다 | 쓰다 | 연구하다 |
| 타다 | 일하다 | 차리다 | 가르치다 |

교수님과 선생님은 학생들을 가르치지!

교수   선생

가 르 치 다

군인   경찰

선원   사공

소설가   시인

의사   수리공

과학자   연구원

가수   성악가

종업원   회사원

사업가   실업가

둘, 옥신각신 신발짝 낱말의 의미 관계 알기

말본새가 직업 낱말들을 옥신각신 신발짝에 가두어 놓았어요. 낱말을 구하기 위해서는 낱말 사이가 같은 두 짝을 골라 신어야 해요. 낱말 사이가 같은 두 짝을 찾아 ◯ 하세요.

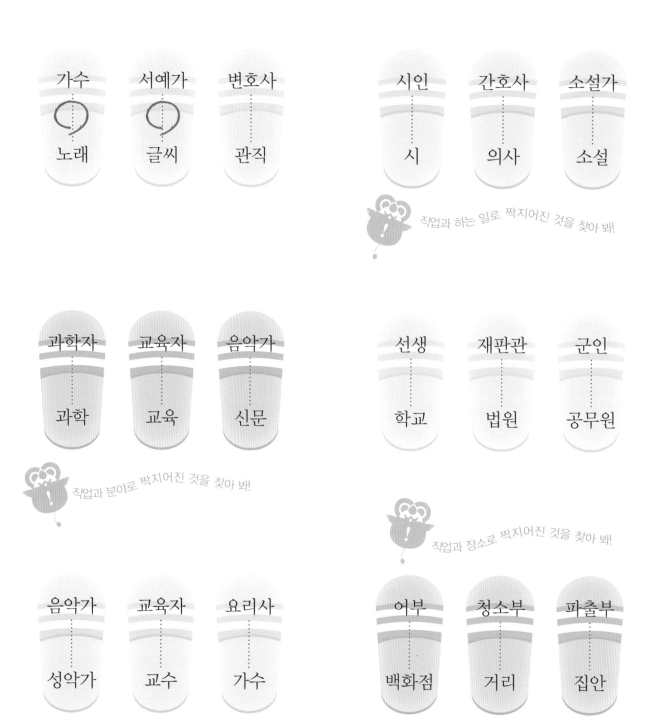

가수 / 노래 ◯
서예가 / 글씨 ◯
변호사 / 관직

시인 / 시
간호사 / 의사
소설가 / 소설

직업과 하는 일로 짝지어진 것을 찾아 봐!

과학자 / 과학
교육자 / 교육
음악가 / 신문

선생 / 학교
재판관 / 법원
군인 / 공무원

직업과 분야로 짝지어진 것을 찾아 봐!

직업과 장소로 짝지어진 것을 찾아 봐!

음악가 / 성악가
교육자 / 교수
요리사 / 가수

어부 / 백화점
청소부 / 거리
파출부 / 집안

셋, 낱말 카드 낱말의 관용적 의미 알기

말본새가 그림에 어울리는 속담이 적힌 낱말 카드를 마구 헝클어 놓았어요. 속담의 뜻과 그림을 살펴보고 ☐ 안에 있는 낱말들의 순서를 정리해서 알맞은 속담을 쓰세요.

> 일을 해도 해도 끝이 없네.

무덤	일	다	죽은	하	고	없	다

일 다 하고 죽은 무덤 없다.

일은 하려고 하면 끝이 없다는 말.

> 이거 분명 선생님 똥이야. 별로 맛이 없나 봐.

개	도	똥	은	안	선	생	의	먹	는	다

_____

선생 노릇 하기가 무척 어렵고 힘들다는 말.

> 난 본래는 농부였는데 얼마나 힘들었으면 두더지가 되었겠니.

농	는	두	지	부	더	다

_____

농부는 땅을 파서 먹고산다는 말.

> 아니 왜 우리가 산에 온 거야.

많	으	면	사	공	이	산	으	로	배	가	간	다

_____

여러 사람이 자기 주장만 내세우면 일이 제대로 되기 어렵다는 말.

북새의 심통

북새가 지금까지 배운 낱말들을 알아볼 수 없도록 숨기거나 엉뚱하게 만들고 있어요. 북새의 심통에 낱말들이 도망가지 않도록 여러분이 지켜 주세요.

하나, 낱말 아파트 직업 어휘 알기

낱말 아파트에는 '가, 사, 자, 부, 관, 원, 인, 수'로 끝나는 직업을 가진 사람들이 살고 있어요. 직업 낱말이 되도록 ☐ 안에 알맞은 글자를 쓰세요.

사	업	가
	수	
	인	
소		가
외		관
청		부
교		자
요		사

간		사
과		자
파		부
재		관
회		원
	수	
	부	
정		가

둘, 헛소리 허튼소리 직업 어휘 알기

북새가 직업 낱말을 훔치고는 안 그런 척 시치미를 떼며 이상한 헛소리와 허튼소리를 하고 있어요. 그런데 북새의 말 속에 훔쳐 간 직업 낱말이 하나씩 숨겨져 있지요. 숨겨진 직업 낱말을 보기 에서 찾아 빈칸에 쓰세요.

보기 아나운서   소설가   어부   경찰   과학자   간호사   화가   교수

학교에서 수업 끝나면 곧장 와!

교 수

이게 초상화라고? 가짜 같은데?

어! 선장님, 드디어 부두에 도착했어요!

범인은 경비인 척하며 은행을 관찰하고 있어요.

간밤에 호떡을 드신 게 사실이에요?

과연 그런지 학문적으로 따져 보자.

소개할 분은 설명이 필요없는 작가지요!

아, 그러나 기운을 차리고 서서히 일어납니다.

셋. 직업 낱말 지도 직업 어휘 알기

북새가 직업에 대한 생각을 할 수 없도록 직업 낱말 지도를 군데군데 지워 놓았어요. 낱말들이 이어져 있는 짜임새를 살펴보고, ☐ 안에 알맞은 글자를 써 넣어 지도를 완성하세요.

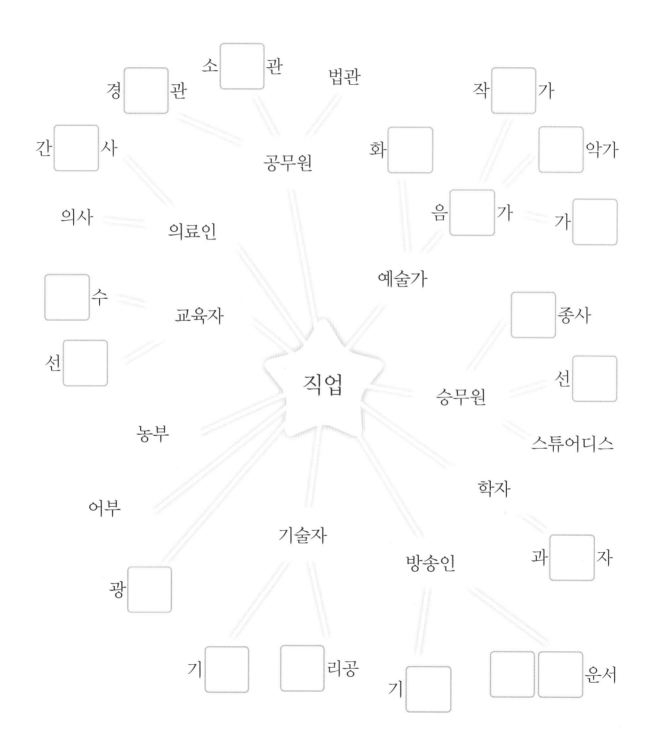

소☐관
경☐관
법관
작☐가
간☐사
화☐
☐악가
의사
의료인
음☐가
가☐
공무원
예술가
☐수
교육자
☐종사
선☐
직업
선☐
농부
승무원
스튜어디스
어부
학자
과☐자
광☐
기술자
방송인
기☐
☐리공
기☐
☐☐운서

일곱째 주

동물 7

날짐승, 길짐승 따위의 짐승을
가리키는 낱말을 가지고
부엉이 요괴들이 심통을 부리고
있습니다. 요괴들에게서 낱말을
되찾아 옵시다.

낌새의 장난

낌새가 동물 낱말들을 알아보지 못하게 장난을 쳐 놓았어요.
낱말들이 본래의 모습으로 돌아갈 수 있도록
여러분이 도와주세요.

하나, 합체 동물 낱말 동물 낱말 회상하기

낌새가 동물 낱말을 잡아다 둘씩 섞어 놓았어요. 그림을 보고 어떤 동물인
지 생각해 내어 본래의 두 동물 낱말로 나누어 빈칸에 쓰세요.

기러린기

기 러 기   기 린

고양래이

개매미

너구개리

송돼아지

병오아리

둘, 한 글자 동물 동물 낱말 알아보기

낌새가 한 글자 동물 낱말 중 낱자 하나만 슬쩍 바꿔서 딴 낱말로 만들어 버렸어요. 낱자 하나만 고치면 본래의 동물로 돌아갈 수 있어요. 빈칸에 알맞은 동물 낱말을 쓰세요.

솜 → 곰

배 →

밤 →

달 →

발 →

닭 →

약 →

코 →

귀 →

셋, 박박 훨훨 첨벙 동물 낱말 알아보기

낌새에게 잡힌 동물들 중 길짐승에게는 '박박', 날짐승에게는 '훨훨', 물짐승에게는 '첨벙'이라고 주문을 외우면 구할 수 있어요. 동물 낱말을 살펴보고 알맞은 주문을 쓰세요.

불가사리 → 첨 벙

참새

다람쥐

상어

돌고래

여우

꾀꼬리

메기

붕어

비둘기

사자

제비

너구리

기린

'길짐승'은 땅에 사는 동물, '날짐승'은 하늘을 나는 동물, '물짐승'은 물에 사는 동물이야.

모양새의 방해

모양새가 낱말들이 어울려 새로운 낱말이 되는 걸 방해하고 있어요. 낱말들이 제자리를 찾아 새 낱말이 될 수 있도록 여러분이 도와주세요.

하나, 낱말 코뚜레 낱말의 형태 알아보기

모양새가 같은 글자가 쓰인 동물 낱말들끼리 코뚜레로 묶어 놓았어요. 동물들을 구하려면 세 동물 낱말에 모두 쓰인 글자를 알아 내야 해요. 빈칸에 알맞은 글자를 쓰세요.

□둘기　제□　나□

비

□끼리　□뿔소　□알라

호랑□　지렁□　고양□

파□　개구□　오□

메□　모□　비둘□

□구리　□미　조□

둘, 숨어 있는 동물 낱말 낱말의 형태 알아보기

모양새가 동물 낱말 가운데 다른 동물 낱말 하나를 숨겨 놓았어요. 각 낱말에서 한 글자씩 뽑아 내어 낱말을 만들어 보세요. 그리고 숨어 있는 동물 낱말을 빈칸에 쓰세요.

호랑이   파리

이 리

거북이   개미

갈매기   거미

오징어   이리

나귀   비둘기

갈매기   꽁치

고래   양   원숭이

송어   병아리   지네

코뿔소   장끼   오리

셋, 이 빠진 낱말 낱말의 형태 알아보기

모양새가 동물 낱말들에서 낱자를 쏙 빼 먹어 버렸어요. 마치 이 빠진 물건처럼 말이지요. 본래 어떤 동물 낱말이었을까 생각해 보고 알맞은 낱자를 써 넣어 동물 낱말을 완성하세요.

여 우

끄ㅁ귀

긔ㅗ리

ㅂ둘ㄱ

고 걍 ㅣ

등ㄴ귀

ㅅ ㅈ

ㅐ ㅣ

ㅐㅜ리

ㅣ러ㅣ

좀ㅈ리

으ㄹ

ㅈㄱ

ㅗ라ㅣ

ㅅ아ㅈ

말본새의 훼방

말본새가 낱말들이 갖고 있는 뜻을 알지 못하게 훼방을 놓고 있어요. 낱말들이 제 역할을 할 수 있도록 도와주세요.

하나, 인디언 이름 낱말의 연상적 의미 알기

말본새가 인디언 텐트 안에 동물 낱말을 가두어 두었어요. 그리고 어떤 낱말인지 자기만 알 수 있도록 인디언 이름을 붙여 두었지요. 인디언 이름에 어울리는 동물 낱말을 빈칸에 쓰세요.

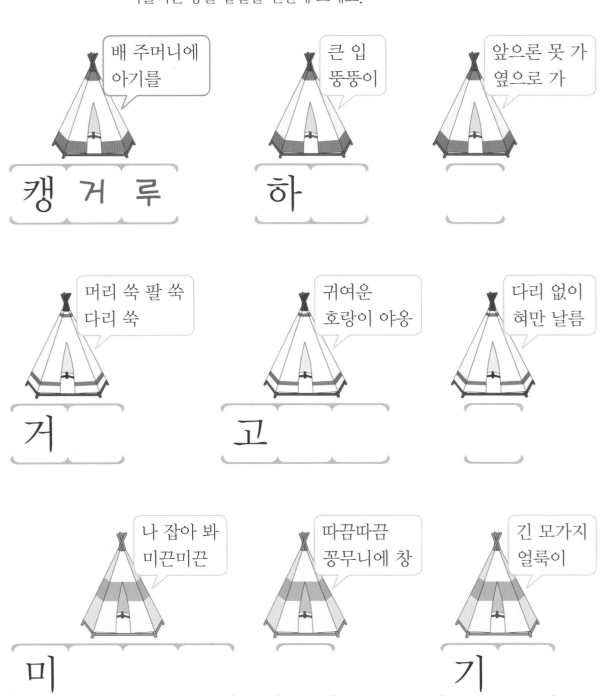

배 주머니에 아기를
캥 거 루

큰 입 뚱뚱이
하

앞으론 못 가 옆으로 가

머리 쑥 팔 쑥 다리 쑥
거

귀여운 호랑이 야옹
고

다리 없이 혀만 날름

나 잡아 봐 미끈미끈
미

따끔따끔 꽁무니에 창

긴 모가지 얼룩이
기

둘, 어떤 동물일까? 낱말의 주변적 의미 알기

말본새가 중얼거리는 말들은 모두 어떤 동물을 나타내거나 관계가 있는 것들이에요. 중얼거리는 말과 가장 잘 어울리는 동물 낱말을 빈칸에 쓰세요.

바다	껍데기
납작	물렁물렁

조 개

지지배배	박씨
새	둥지

흉내	엉덩이
손오공	사람

박씨를 물고 와 은혜를 갚은 새는 뭐지?

등딱지	집게
옆	가위

벌레	바글바글
여왕	일꾼

키	얼룩덜룩
목	뿔

간식	쫄깃쫄깃
질겅질겅	먹물

귀	쫑긋
빨간눈	낮잠

달걀	꼬끼오
지붕	병아리

셋, 같은 소리 다른 뜻 동음이의 관계의 낱말 알기

말본새가 말하고 있는 세 글 중에는 같은 낱말이지만 다른 뜻을 가진 것이 하나 있어요. 빨간색 글씨로 쓰인 낱말들 중에서 다른 뜻을 가진 낱말을 찾아 ✔ 하세요.

- ☐ 사나와 보이는 개가 으르렁거렸습니다.
- ✔ 꼭 한 개씩이 모자라네.
- ☐ 사람이 개만도 못해서야 되겠니.

- ☐ 자고 일어나면 잠자리를 깨끗이 정리해라.
- ☐ 푸른 가을 하늘에 잠자리가 날고 있어요.
- ☐ 아이들이 잠자리를 잡아 손가락에 끼우고 장난을 치고 있어요.

- ☐ 우리 이렇게 하는 게 어때?
- ☐ 게를 잡을 때 물리지 않도록 조심해.
- ☐ 게가 옆으로 기어갑니다.

- ☐ 오리는 뒤뚱뒤뚱 걷는 모습이 귀여워요.
- ☐ 밥에서 머리카락 한 오리가 나왔어.
- ☐ 미운 오리 새끼는 사실 고니였어요.

- ☐ 해마다 봄이면 돌아오던 제비가 올해는 보이지 않았습니다.
- ☐ 그들은 다투다 결국은 제비를 뽑아서 결정하기로 했습니다.
- ☐ 처마 끝에서 제비가 지지배배 지저귑니다.

- ☐ 나보고 이런 걸 먹으란 말이냐?
- ☐ 제주도 농장에서 말을 타 보았습니다.
- ☐ 여기서부터 말에서 내려 걸어가셔야 합니다.

말본새의 심술

말본새가 낱말의 쓰임새를 알지 못하게
심술을 부리고 있어요. 낱말들이 쓰임새에 따라
제 역할을 할 수 있도록 도와주세요.

하나, 닮은 꼴 동물 낱말의 연상적 의미 알기

말본새가 잡아간 동물 낱말을 사람의 몸에 빗대어 그림으로 그렸어요. ☐ 안에
그림에 알맞은 동물 낱말을 쓰세요.

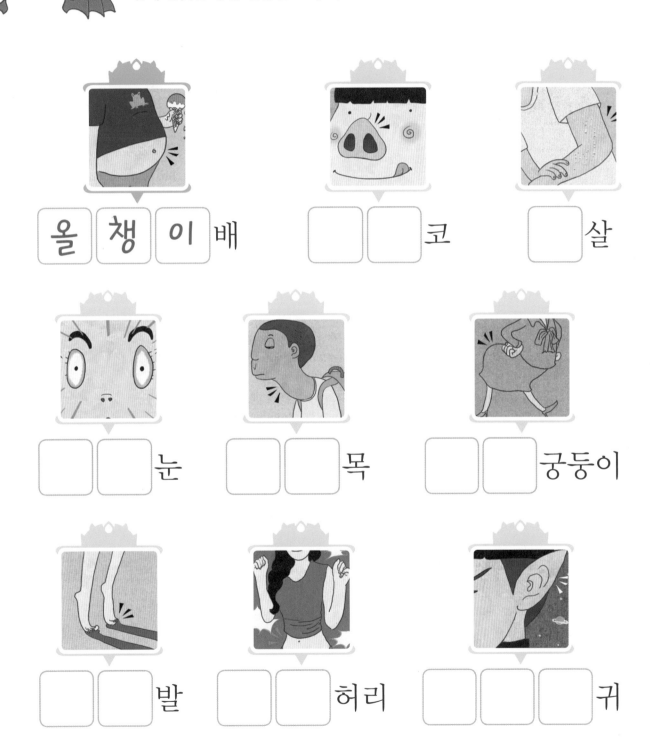

올 챙 이 배

☐ ☐ 코

☐ 살

☐ ☐ 눈

☐ ☐ 목

☐ ☐ 궁둥이

☐ ☐ 발

☐ ☐ 허리

☐ ☐ ☐ 귀

둘, 짝꿍 찾기 낱말의 의미 관계 알기

앞에 짝 지어진 두 낱말처럼 뒤의 낱말도 서로 어울릴 수 있도록 ? 에 들어갈 알맞은 낱말을
보기 에서 찾아 빈칸에 쓰세요.

보기   벌레   병아리   모기   다람쥐   까마귀   올챙이   고양이   늑대

소 : 송아지   닭 : ?

병 아 리

새 : 갈매기   ? : 매미

뱀 : 미꾸라지   벌 : ?

고양이 : 호랑이   개 : ?

양 : 늑대   쥐 : ?

고래 : 돌고래   쥐 : ?

거위 : 오리   까치 : ?

말 : 망아지   개구리 : ?

셋, 알쏭달쏭 낱말의 관용적 의미 알기

동물 낱말이 쓰인 알쏭달쏭한 말들을 친절하게도 말본새가 그 뜻에 대해 설명해 주고 있어요.
알맞은 동물 낱말을 빈칸에 쓰세요.

이것의 발바닥처럼 몹시 두껍다는
뜻으로, 고집이 매우 세고
뻔뻔함을 빗대어 이르는 말이지.

곰 발바닥

콧등에 물만 묻히는 정도로
대충하는 세수. 일을 흉내만
내고 그만둠을 이르는 말이지.

세수

아주 듣기 싫도록 꽥꽥 지르는
소리를 이르는 말이지.

멱따는 소리

자신이 알고 있는 것보다 더
많은 지식이 있음을 알지
못하는 것을 이르는 말이지.

우물 안

지금과는 형편이 아주 다른
까마득히 먼 옛날을 이르는
말이지.

담배 먹을 적

남에게 손쉽게 죽임을 당할
만큼 보잘것없는 목숨을
이르는 말이지.

목숨

북새의 심통

북새가 지금까지 배운 낱말들을 알아볼 수 없도록 숨기거나 엉뚱하게 만들고 있어요. 북새의 심통에 낱말들이 도망가지 않도록 여러분이 지켜 주세요.

하나, 낱말 하드 동물 어휘 알기

북새가 동물 낱말을 꽁꽁 얼려서 포장지에 싸 두었어요. 그리고 자신만 알 수 있도록 포장지에 동물 낱말을 떠올릴 수 있는 그림을 붙여 놓았지요. 무슨 동물 낱말인지 보기 에서 찾아 빈칸에 쓰세요.

보기   게   거미   거북   미꾸라지   모기   고슴도치   코끼리   나비

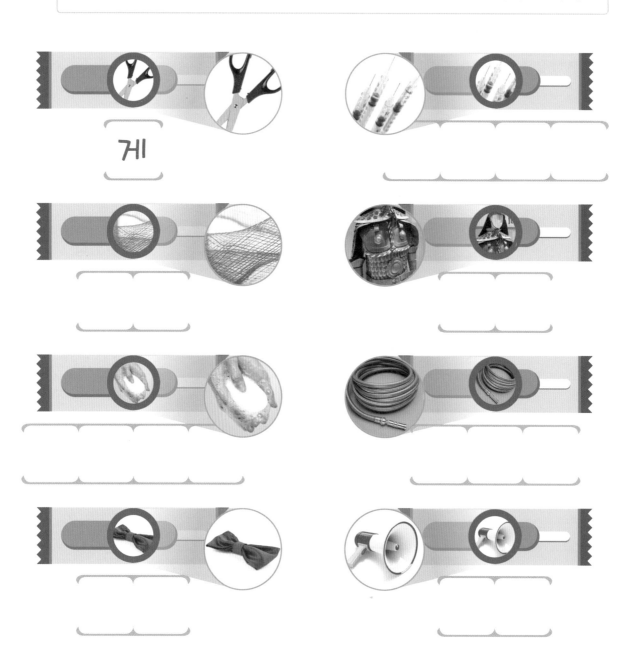

게

둘, 낱말 뼈다귀 <small>동물 어휘 알기</small>

북새가 동물 낱말을 뼈다귀로 만들어 '우스개'에게 던져 주었어요. 우스개는 우스갯소리를 좋아해서 북새가 던져 준 동물 낱말로 우스갯소리를 하네요. 우스개의 우스갯소리를 듣고 어떤 동물 낱말인지 생각해서 빈칸에 쓰세요.

서로 무서운가 봐. 둘이 모이면 몸을 떨기만 해.

□ 벌 □

둘이 만나기만 하면 몹시 화가 나서 소리를 질러 대지.

고 □

'잠자코, 기어코, 결코, 한사코' 애들이 끼리끼리 모였네.

□ 끼 □

아무리 깨끗이 씻어도 몸이 말끔해지지 않아.

□ 룩 □

다 자라도 언제나 자라라는 소리를 듣지.

라 □

아무리 예쁜 짓을 해도 어색하고 편하지 않아.

□ 북

셋, 동물 낱말 지도 _{동물 어휘 알기}

북새가 동물에 대한 생각을 할 수 없도록 동물 낱말 지도를 군데군데 지워 놓았어요. 낱말들
이 이어져 있는 짜임새를 살펴보고, ☐ 안에 알맞은 글자를 써 넣어 지도를 완성하세요.

☐ 타   소   사 ☐

☐ 린   곰   오 ☐

길짐승

기다   날다   거 ☐

동물   짐승   날짐승   ☐ 비

참새

벌레   헤엄치다

물짐승   꽁 ☐

거 ☐   나 ☐   상 ☐

개 ☐   고래

미꾸라지

여덟째 주

거리 8

거리에서 볼 수 있는 것을
가리키는 낱말을 가지고
부엉이 요괴들이 심통을 부리고
있습니다. 요괴들에게서 낱말을
되찾아 옵시다.

낌새의 장난

낌새가 거리 낱말들을 알아보지 못하게 장난을 쳐 놓았어요.
낱말들이 본래의 모습으로 돌아갈 수 있도록
여러분이 도와주세요.

하나, 마을 지도 거리 낱말 회상하기

마을 지도에서 거리 낱말들을 찾아보세요. 그런데 낌새가 그림들을 지워
버려서 찾을 수 없는 낱말이 셋 있어요. 마을 지도에 있는 거리 낱말을 찾
아 √ 하세요. 그리고 없는 낱말은 무엇인지 말해 보세요.

☐ 교차로	☐ 학교	☑ 나들목	☐ 놀이공원
☐ 교회	☐ 병원	☐ 선착장	☐ 지하철역
☐ 도서관	☐ 공원	☐ 우체국	☑ 보건소

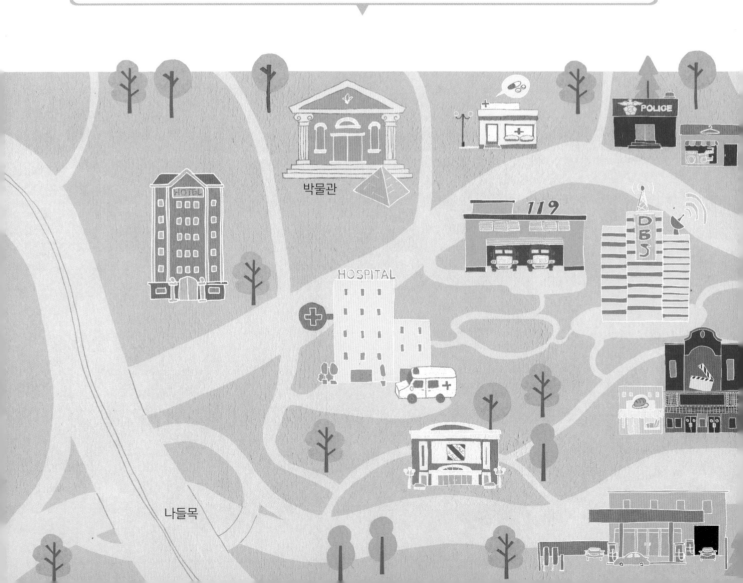

☐ 수영장   ☐ 세탁소   ☐ 놀이터   ☐ 방송국

☐ 백화점   ☐ 약국   ☐ 도로   ☐ 호텔

☐ 정육점   ☐ 주유소   ☐ 영화관   ☐ 은행

☐ 고속도로   ☐ 경찰서   ☐ 빵집   ☑ 박물관

☐ 기찻길   ☐ 유치원   ☐ 소방서   ☐ 주차장

☐ 횡단보도   ☐ 목욕탕   ☐ 터미널

보건소

둘, 표지 마크 <small>거리 낱말 알아보기</small>

낌새가 어떤 곳을 나타내는 그림에 해당하는 낱말 중 한 글자를 가려 놓았어요. 그림을 보고 빈칸에 알맞은 글자를 써 넣어 낱말을 완성하세요.

도 서 관

캠 　 장

주 　 장

영 　 관

　 당

전 　 역

주 　 소

　 당

　 호

　 항

　 터

　 단 　 도

모양새의 방해

모양새가 낱말들이 어울려 새로운 낱말이 되는 걸 방해하고 있어요. 낱말들이 제자리를 찾아 새 낱말이 될 수 있도록 여러분이 도와주세요.

하나, 도로목 낱말의 형태 알아보기

모양새가 길을 가리키는 낱말들의 끄트머리 글자를 가려 놓았어요. '도, 로, 목' 셋 중 설명에 맞는 글자에 ○하여 낱말을 완성하세요.

도□

사람이나 차가 다닐 수 있도록
만들어 놓은 비교적 넓은 길

| 도 | (로) | 목 |

골□

큰길에서 들어가 동네 안을
이리저리 통하는 좁은 길

| 도 | 로 | 목 |

교차□

둘 이상의 길이 서로 엇갈린 길

| 도 | 로 | 목 |

건널□

기찻길과 도로가 서로 엇갈린 길

| 도 | 로 | 목 |

보□

걸어 다니도록 만들어 놓은 길

| 도 | 로 | 목 |

통□

통하여 다니는 길

| 도 | 로 | 목 |

둘, 어색한 가게 이름 낱말의 형태 알아보기

모양새가 물건을 팔거나 도움을 주는 가게 낱말들의 끄트머리를 엉뚱하게 바꿔 놓았어요.
'점, 소, 집, 가게' 중 가장 잘 어울리는 글자를 ☐ 안에 쓰세요.

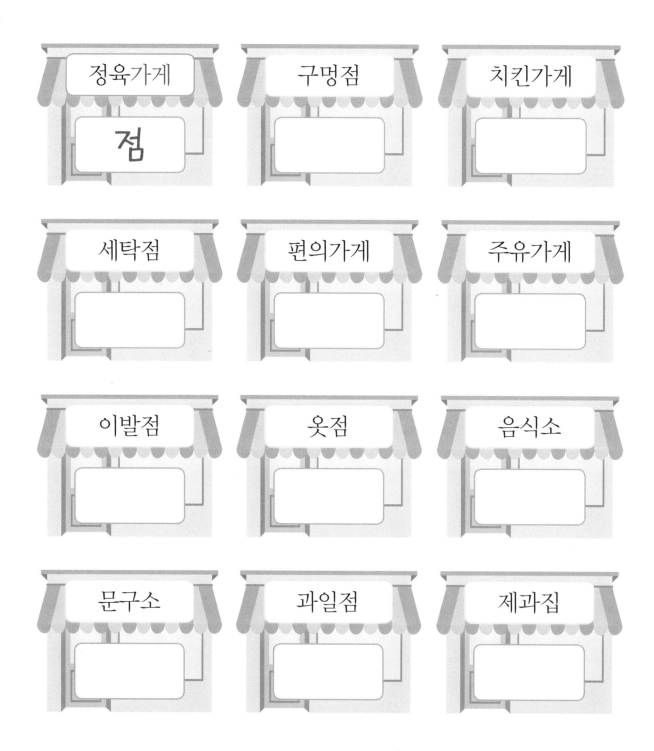

정육가게 → 점

구멍점 → ☐

치킨가게 → ☐

세탁점 → ☐

편의가게 → ☐

주유가게 → ☐

이발점 → ☐

옷점 → ☐

음식소 → ☐

문구소 → ☐

과일점 → ☐

제과집 → ☐

셋, 가로 세로 낱말 낱말의 형태 알아보기

모양새가 공공기관이나 공공시설을 가리키는 낱말 중 같은 글자가 쓰인 낱말 두 개를 가로 세로로 겹쳐 놓았어요. 겹친 부분에 들어갈 알맞은 낱말을 보기 에서 찾아 쓰세요.

보기

| 관 | 터 | 국 | 서 | 소 | 역 | 도 | 장 |

경
찰
소 방 **서**

보
건
파 출

박
물
도 서

'공공기관'은 여러 사람과 관계된 일을 하는 곳이고,
'공공시설'은 여러 사람이 함께 이용하는 장소나 물건이야.

방
송
우 체

기
차
간 이

횡
단
보
고 속 로

정
류
광

놀
이
미 널

말본새의 훼방

말본새가 낱말들이 갖고 있는 뜻을 알지 못하게
훼방을 놓고 있어요. 낱말들이 제 역할을
할 수 있도록 도와주세요.

하나, 낱말 양말 _{유의 관계의 낱말 알기}

길거리에 있는 장소나 건물을 살펴보면 서로 닮았지만 다르게 불리는 것들이
많이 있어요. 말본새가 이런 낱말들을 양말에 넣고 흩어 놓았어요. 양말 짝
을 맞추듯 비슷한 낱말 짝을 보기 에서 찾아 쓰세요.

보기					
음식점	성당	상점	역	건널목	미용실
사거리	커피숍	슈퍼마켓	모텔	빌딩	사우나

호텔 — 모텔   터미널   카페

교회   목욕탕   가게

식당   교차로   이발소

마트   건물   횡단보도

둘, 이상한 도로 표지판 낱말의 중심적 의미 알기

거리 낱말들이 잡혀 있는 도시인 '살며시 숨기구 말동'의 도로 표지판에는 거리 낱말과 거리 낱말이 아닌 것들이 섞여 있어요. 거리 낱말을 찾아 ◯ 하세요.

셋. 낱말 자물쇠 상하 관계의 낱말 알기

말본새가 거리 낱말을 잡아다가 세 개씩 자물쇠에 가두어 놓았어요. 거리 낱말을 구출하기 위해서는 세 낱말을 아우를 수 있는 낱말 열쇠를 찾아야 해요. 알맞은 낱말을 찾아 ♡ 하세요.

병원

은행   안과 치과 의원   교회

공터

광장   편의점 문구점 안경점   가게

편의점

영화관   중국집 밥집 고깃집   음식점

관청

공원   경찰서 시청 우체국   학교

골목

길   도로 철도 차도   다리

고속도로

기찻길   삼거리 사거리 로터리   교차로

로터리는 교통 정리를 위해 원형으로 만든 교차로를 말해.

넷째 날

말본새의 심술

말본새가 낱말들의 쓰임새를 알지 못하게
심술을 부리고 있어요. 낱말들이 쓰임새에 따라
제 역할을 할 수 있도록 도와주세요.

하나, 머나 먼 친구 낱말의 의미 관계 알기

말본새가 낱말들 가운데 셋과 사이가 먼 것을 하나 끼워 두었어요. 세 낱말과 가장 거리가 먼 낱말을 찾아 ◯ 하세요.

공원	공터
광장	(수영장)

병원	파출소
보건소	한의원

목욕탕	삼계탕
설렁탕	갈비탕

넓은 공간이 있는 장소가 아닌 것을 찾아 봐!

축구장	수영장
스키장	주차장

호텔	여관
민박	은행

가로등	가로수
육교	공터

도로에 있는 것이 아닌 것을 찾아 봐!

터널	터미널
통로	샛길

교회	성당
절	경로당

놀이터	샘터
공터	터널

둘, 둘 다 내 친구 낱말의 주변적 의미 알기

시샘 많은 말본새가 사이좋은 낱말 벗들 사이를 멀어지게 해 놓았어요. 낱말 벗들의 사이를 다시 좋게 하려면, 두 낱말이 가리키는 곳에서 사용하거나 볼 수 있는 물건을 가져다주어야 해요. 알맞은 것을 보기 에서 찾아 쓰세요.

보기	옷 책 머리 학용품 약 고기 기차 배우 돈

도서관 　 서점

책

세탁소 　 옷가게

상점 　 은행

이발소 　 미용실

학교 　 문구점

병원 　 약국

정육점 　 갈비집

역 　 터널

극장 　 방송국

셋, 알쏭달쏭 낱말의 관용적 의미 알기

장소나 건물을 가리키는 낱말이 쓰인 알쏭달쏭한 말들의 뜻을 말본새가 설명해 주고 있어요.
빈칸에 들어갈 알맞은 낱말을 쓰세요.

목적하는 곳까지 빨리 가야 할
까닭이 있다는 뜻이지.

길 이 바쁘다.

집안이 망해서 집이 남의 것이
되는 바람에 오갈 데가
없다는 뜻이지.

거 □ 에 나앉다.

더는 어떻게 할 수 없는
안타까운 경우를 빗대어
이르는 말이지.

막다른 **골** □

왁자지껄하게 떠들어 아주
시끄럽다는 말이지.

호 □□ 에
불난 것 같다.

제대로 된 교육을 전혀 받지
못했다는 말이지.

학 □ 근처에도 못 가 봤다.

북새의 심통

북새가 지금까지 배운 낱말들을 알아볼 수 없도록 숨기거나 엉뚱하게 만들고 있어요. 북새의 심통에 낱말들이 도망가지 않도록 여러분이 지켜 주세요.

하나, 어떤 낱말일까? 거리 어휘 알기

북새가 거리 낱말을 잡아다 가두어 놓았어요. 그리고 자신만 알 수 있도록 거리 낱말을 떠올릴 수 있는 그림을 붙여 놓았지요. 갇혀 있는 낱말이 무엇인지 보기 에서 찾아 빈칸에 쓰세요.

보기 | 방송국　　경찰서　　유치원　　은행　　터미널　　음식점

유 치 원

둘, 횡설수설 거리 어휘 알기

북새가 거리 낱말들을 엉터리로 설명하고 있어요. 어떤 낱말을 보고 한 말일까요? 빈칸에 알맞은 글자를 쓰세요.

곧장 가야 하는 길인데 왜 자꾸 되돌아오라는 거야.

도 로

남탕? 여탕? 이 탕은 남자 따로 여자 따로 먹는 것이야?

욕

어, 이 등은 가로가 아니라 세로로 서 있는데?

등

치킨은 닭이니까, 이 집은 닭장이겠네?

킨

공과 터니까, 그럼 축구장이잖아?

터

중국 사람은 아무도 없고 아무리 봐도 한국집인데?

중

저 전화는 정말 공중으로 떠오르나?

중 화

옷가게는 옷을 팔고, 쌀가게는 쌀을 파니까, 여기는 구멍을 파나?

멍 게

셋, 거리 낱말 지도 거리 어휘 알기

북새가 거리에 대한 생각을 할 수 없도록 거리 낱말 지도를 군데군데 지워 놓았어요. 낱말들이 이어져 있는 짜임새를 살펴보고, ☐ 안에 알맞은 글자를 써 넣어 지도를 완성하세요.

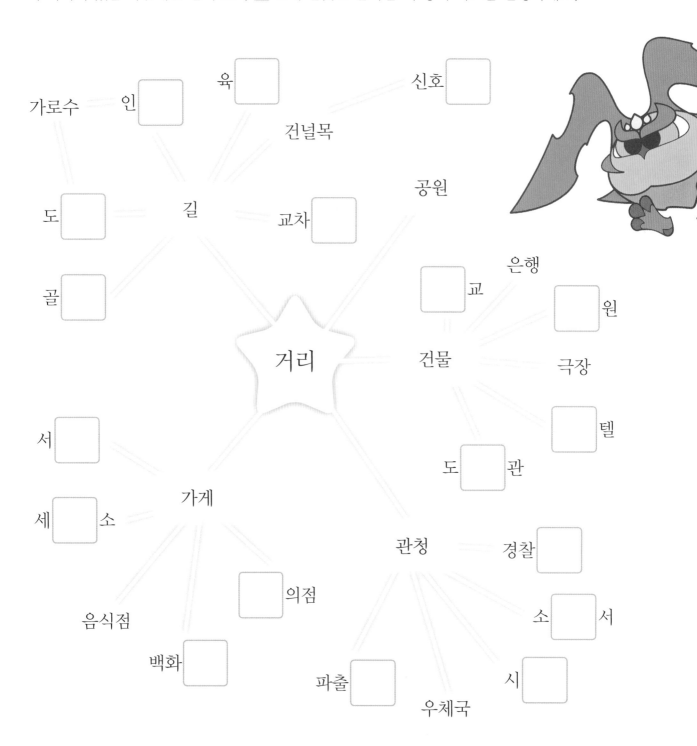

가로수 — 인☐
육☐
건널목
신호☐
도☐
길
골☐
교차☐
공원

거리

☐교
은행
건물
☐원
극장
☐텔
도☐관

서☐
가게
세☐소
관청
경찰☐
소☐서
☐의점
음식점
백화☐
파출☐
시☐
우체국

✂
자
르
는

선

정답 및 풀이

본문 속 어려운 낱말을 풀어주는 낱말 풀이

알쏭달쏭한 속담과 관용구의 유래를 알려주는 속담·관용구 풀이

엄마가 설명하면 좋은 공부 팁 맘's 팁

첫째 주 몸

첫째 날

12쪽

발	손	
입	팔	목
눈	등	볼

13쪽

머리	어깨	가슴
무릎	다리	얼굴
허리	이마	손(발)톱
눈썹	입술	배꼽

14쪽

손가락	엉덩이	정수리
뒤꿈치	옆구리	종아리
겨드랑이	목덜미	

둘째 날

15쪽

오른 손	눈 꺼풀	
발 가락	등 뼈	손 바닥
목 구멍	속 눈썹	손 목

| 낱말 풀이 |

• 눈꺼풀은 눈알을 덮는, 위아래로 움직이는 살갗을 가리킵니다.

16쪽

왼	뼈
등	눈
구멍	살

17쪽

맘's tip | 답은 여러 개!

큰말, 작은말 모두 답입니다. 큰말은 단어의 뜻은 작은말과 같지만 말의 느낌이 크고, 어둡고, 무겁고, 둔탁하게 느껴지는 말입니다.

작은말은 느낌이 작고, 가볍고, 밝고, 강하게 들리는 말입니다. 누렇다(큰말)-노랗다(작은말), 둥둥(큰말)-동동(작은말)처럼요. 이 책에서는 답이 두 개 이상일 경우 '또는'으로 표기합니다.

부리부리
곱슬곱슬　　두근두근　　으쓱으쓱
기웃기웃(큰말) 또는 갸웃갸웃(작은말)
벌름벌름(큰말) 또는 발름발름(작은말)
실룩실룩

| 낱말 풀이 |

• 부리부리는 눈망울이 크고 눈빛이 대담하고 여무진 모양입니다.
• 곱슬곱슬은 털이나 실 따위가 고불고불하게 말려 있는 모양을 말합니다.
• 두근두근은 매우 놀라고 불안하거나 기분이 좋아 가슴이 자꾸 크게 뛰는 모양입니다.
• 으쓱으쓱은 어깨를 들먹이며 잇따라 우쭐거리는 모양을 말합니다.
• 기웃기웃은 고개나 몸 따위를 이쪽저쪽으로 조금씩 자꾸 기울이는 모양을 말합니다. 작은말은 갸웃갸웃.
• 벌름벌름은 콧구멍처럼 탄력 있는 물체가 부드럽게 벌어졌다 오므러졌다 하는 모양입니다. 작은말은 발름발름.
• 실룩실룩은 얼굴이나 근육의 한 부분이 자꾸 한쪽으로 비뚤어지거나 기울어지게 움직이는 모양입니다다지게 움직이는 모양을 말합니다.

셋째 날

18쪽

눈
손
눈
허리
가슴
얼굴

| 낱말 풀이 |

• '아빠는 보는 눈이 정확하다.'에서 눈은 사물을 보고 판단하는 힘이라는 뜻입니다.
• '순심이는 겁먹은 눈으로 서 있었다.'에서 눈은 무엇을 보는 표정이나 태도를 뜻합니다.
• '손이 많이 부족하다.'에서 손은 일손과 같은 말로 일을 하는 사람이라는 뜻입니다.
• '나는 할머니의 손에서 자랐다.'는 부모님 대신 할머니가 나를 키웠다는 말입니다. 여기서 손은 어떤 일을 하는 데 드는 사람의 힘이나 노력, 능력이지요. (예: 그 일은 손이 많이 간다.)
• '떡 벌어진 가슴'에서 가슴은 배와 목 사이의 신체 앞부분을 뜻합니다.
• '가슴 뛰는 소리'의 가슴은 심장이나 폐를 뜻합니다.
• '찬우는 따뜻한 가슴을 가진 사람이었습니다.'에서 가슴은 마음이나 생각이라는 뜻입니다.
• '로션을 바른 얼굴'에서 얼굴은 눈, 코, 입이 있는 머리의 앞면입니다.
• '복스러운 얼굴'에서 얼굴은 머리 앞면의 윤곽이나 생김새를 뜻합니다.
• '겁에 질린 얼굴'에서 얼굴은 심리 상태가 나타난 표정을 뜻합니다.

19쪽

손	어깨
눈	코
다리	얼굴

20쪽

의사 선생님은 내가 간이 좋지 않다고 했다.
삼촌의 볼이 볼그스레해졌습니다.
뱀은 다리가 없지만 빨리 움직이지.
벽에 등을 기대고 앉았다.
창밖으로 고개를 뺐다.

| 낱말 풀이 |

• '어머니께서 된장찌개 간을 보신다.'에서 간은 음식물의 짠 정도를 가리킵니다.
• '신발의 볼이 좁아서 발이 아파요.'에서 볼은 신발이나 구두의 옆면과 옆면 사이의

간격을 뜻합니다.
- '저 고개 너머에 우리 집이 있다.'에서 고개는 산이나 언덕을 넘어 다니도록 길이 나 있는 비탈진 곳을 가리킵니다.

넷째 날

23쪽

지나치게 용감해진
좋은 것만 찾는 버릇이 있어서
같은 말을 여러 번
안타깝게 기다렸다.
적극적으로 나선다.
손으로 살짝 때려도 몹시 아파서

25쪽

"머리 어깨 무릎 발 무릎 발"
머리 어깨 무릎 발 무릎 발
머리 어깨 무릎 발 무릎 발 무릎
머리 어깨 발 무릎 발
머리 어깨 무릎 귀 코 귀

26쪽

| 이마 | 눈 | 귀 |
| 엉덩이 | 발 | 허리 |

21쪽

몸살	이	머리
종아리	다리	얼굴
손톱	가슴	정강이

| 낱말 풀이 |

- 종아리는 무릎과 발목 사이의 뒤쪽 부분입니다.
- 볼기짝은 볼기를 낮잡아 이르는 말입니다. 볼기는 엉덩이와 비슷한 말입니다.
- 밑은 밑구멍 즉 항문, 똥구멍을 이르는 말입니다. (예: 똥을 누고 밑을 닦다.)
- 부리는 일부 새나 짐승의 길고 뾰족한 주둥이로 보통 딱딱합니다.
- 주둥이는 일부 짐승이나 물고기 따위의 머리에서 뾰족하게 나온 코나 입 주위의 부분입니다.
- 정강이는 무릎 아래에서 앞 뼈가 있는 부분입니다.

맘's tip | 볼기, 엉덩이, 궁둥이?

볼기는 엉덩이+궁둥이랍니다. 허리 뒤쪽, 허벅다리 위쪽의 살이 두둑한 부분 전체가 볼기입니다. 궁둥이는 볼기의 아랫부분, 앉았을 때 바닥에 닿는 부분을 말합니다. 엉덩이는 볼기의 윗부분 즉 앉았을 때 바닥에 닿지 않는 부분이랍니다.

| 속담·관용구 풀이 |

- **간이 부었다**: 간은 한의학에서 나무(木)의 기운이 있다고 합니다. 무성하게 가지를 뻗어 나가는 나무처럼 간은 일을 추진하거나 이끌어가는 기운을 담당합니다. 그래서 '간이 부었다.'는 것은 추진력이나 결단력이 지나쳐 무모한 것을 가리키는 말이 되었죠.
- **눈이 높다**: 여기서 눈은 사물을 보고 판단하는 힘을 뜻합니다.
- **귀에 못이 박히다**: 여기서 못은 벽에 박는 못이 아니라, 손바닥이나 발바닥에 생기는 굳은살입니다. 어떤 것이 여러 번 닿아 살갗이 두껍게 된 것이지요. '못이 박히다.'는 같은 소리를 하도 여러 번 들어 귓구멍의 살갗이 두껍게 될 지경이다, 듣기 싫을 정도가 되었다는 말이지요.
- **목이 빠지다**: 새끼 새들이 먹이를 문 어미 새가 오는가 보려고 목을 길게 늘여 뺀 모양을 말합니다. 하도 늘여 빼니 목이 몸통에서 빠질 것 같다는 것이죠.
- **발 벗고 나서다**: '발 벗고'라는 말은 버선도, 신발도 벗는다는 말이에요. 발이 물에 젖거나 흙이 묻을 만큼 수고롭고 힘든 일이라도 가리지 않고 적극적으로 나선다는 뜻입니다.
- **손이 맵다**: 손으로 슬쩍 때려도 아프다는 뜻이지요. '맵다'는 사납고 모진 성질이라는 뜻도 있습니다. 독하다, 가혹하다, 매정하다는 말과 비슷한 뜻이지요.

둘째 주 가족

첫째 날

29쪽

고모	아버지/아빠	어머니/엄마
외할아버지	오빠, 형	
외할머니	이모	
언니, 누나	삼촌	
외삼촌	할아버지	

30쪽

식구

둘째 날

31쪽

할	모	아버
촌	형	머니
외	니	동생

32쪽

큰	작은	
외	작은	
외	막내	큰

다섯째 날

24쪽

가슴	뒤꿈치
허벅지	팔뚝
정수리	손가락

22쪽

발	배
머리	다리
엉덩이	살갗
코	가슴

| 낱말 풀이 |

- 드렁드렁은 짧고 요란하게 코를 자꾸 고는 소리입니다.

오순도순   올망졸망   알콩달콩
옥신각신   아기자기   티격태격
도란도란   아웅다웅   알뜰살뜰

셋째 날

맘's tip | 답은 여러 개!

기준이 달라지면, 답도 달라집니다. 기준은 남녀 혹은 핵가족, 직계가족, 친척으로 잡을 수도 있답니다.

오빠(남녀 기준)

이모(남녀 기준) 또는 형(핵가족/ 직계가족 및 친척 기준)

할머니(1명/여러 명 기준, 핵가족/ 직계가족 기준)

이모(아버지 쪽 친척이 아닌 사람)

동생(나이의 많음/적음 기준) 또는 누나(남녀 기준)

누나(남녀 기준) 또는 외삼촌(가족/ 친척 기준)

고모(남녀 기준) 또는 아버지(핵가족/ 직계가족 및 친척 기준)

외삼촌(남녀 기준) 또는 고모(어머니 쪽 친척이 아닌 사람)

어머니(형제/ 부모 기준)

맘's tip | 직계가족이란?

핵가족은 엄마·아빠·자녀로 이루어진 가족입니다. 핵가족에 할아버지·할머니까지 한꺼번에 말한다면 직계가족이라 하지요. 고모나 작은아빠 같은 아버지의 친족, 이모나 외삼촌 같은 엄마의 친족은 친척이라 합니다.

여자	남자	형제
형제	부부	부부
남매	자매	

할머니	누나
고모	남편
어머니	동생

넷째 날

깨우다

굽다 (예: 결혼을 하다, 결정하다, 약속하다.)

다니다(예: 부모를 모시다, 받들다. 부모가 되다.)

멈칫하다(예: 집안을 걱정하다, 다스리다. 집안이 좋다.)

춥다(예: 가족이 생기다, 만나다, 화목하다.)

괴롭다(예: 조상을 본받다, 기리다, 섬기다.)

훔치다(예: 아내가 돌보다, 예쁘다. 아내와 결혼하다.)

뒤척이다(예: 형제의 우애가 두텁다. 형제가 많다, 사이좋다.)

맘's tip | 조상(祖上)이란?

(아이의) 할머니의 엄마 아빠, 할머니의 할머니와 할아버지……(아이의) 할아버지의 엄마 아빠, 할아버지의 할아버지와 할머니……. 이렇게 조상은 한 가족의 여러 대에서 할아버지, 할머니보다 먼저 산 사람이지요.

| 낱말 풀이 |

• 멈칫하다는 하던 일을 갑자기 멈춘다는 말입니다.
• 기리다는 잘한 일이나 공적을 칭찬하거나 기억한다는 말입니다.
• 두텁다는 정이나 사랑이 깊고 튼튼하다는 말입니다.
• 뒤척이다는 누워서 몸을 이쪽저쪽으로 자꾸 돌린다는 말입니다.

맘's tip | '두껍다'와 '두텁다'의 차이는?

'두껍다'는 넓이를 가진 물체의 두께가 얇지 않다는 것을 가리킵니다. (예: 벽이 두껍다.)
'두텁다'는 사람과 사람 사이의 관계에서 인정이나 사랑이 많은 것을 가리킵니다. (예: 친구 사이의 우정이 두텁다.)

부부
자식
이모
아들
자매
삼촌
부모님

딸이 그 어머니를 꼭 닮았다.
나이 든 형의 마음씀씀이가 어린 아우보다 낫다.
얼굴이 무척 닮았다.
자식 키우는 일을 잘 못했다.
부모 말을 들으면 좋은 일이 생긴다.

| 속담 · 관용구 풀이 |

• **그 어머니에 그 딸**: 딸의 재능이나 행동에서 드러난 사람됨이 자기 어머니를 닮았을 경우를 이르는 말입니다.
• **형만 한 아우 없다**: 전통사회에서 오랜 세월에 걸쳐 쌓은 경험이 중요했지요. 아무래도 경험이 많은 형이 경험이 없는 동생보다 일하는 것이 능숙하니 이런 말이 나왔답니다. 주로 부모를 위하는 데나 무슨 일처리를 하는 데서 동생이 형을 채 따라가지 못한다고 이르던 말이죠.
또는 아우가 아무리 형을 생각한다 해도 형이 아우를 생각하는 데에는 미치지 못함을 이르던 말이기도 합니다. 형제간에도 내리사랑이 있으니까요.
동생의 능력이 형보다 떨어진다는 뜻은 아니랍니다. 비슷한 말로는 '형 미칠 아우 없고 아비 미칠 아들 없다.'가 있지요.
• **붕어빵**: 맛있는 붕어빵은 똑같이 생긴 틀에 구워 내니 모양이 똑같지요. 모양이 빼다 박은 것처럼 서로 꼭 닮았을 때 '붕어빵'이라는 말을 하게 됩니다.
• **자식 농사**: 주로 농사를 짓고 살았던 옛날 사람들은 자식 키우는 일도 농사에 비유했습니다. 제때 씨를 뿌리고 김을 매고 거두어들여야 알곡을 얻듯, 자식을 키우는 것도 여간만 힘든 것이 아니니까요.

• **부모 말을 들으면 자다가도 떡이 생긴다:** 지금에야 떡은 흔한 간식거리지만, 전통 사회에서 세끼 밥도 먹기 힘들었어요. 그러니 귀한 쌀이나 찹쌀 덩어리인 떡은 아주 귀한 음식, 좋은 것이었지요. 부모 말을 잘 따르면 아주 좋은 일이 생긴다는 뜻이 랍니다.

다섯째 날

40쪽

고모	어머니
할머니	형
삼촌	할아버지

41쪽

"곰 세 마리"
곰 세 마리가 한 집에 있어
아빠 곰 엄마 곰 아기 곰
아빠 곰은 뚱뚱해 엄마 곰은 날씬해
아기 곰은 너무 귀여워
으쓱으쓱 잘 한다.

42쪽

할아버지	할머니	
삼촌	아버지	고모
형	오빠	누나
언니	동생	
외삼촌	어머니	이모
외할아버지	외할머니	

셋째 주 음식

첫째 날

44쪽

비빔밥	김밥	쌈밥
볶음밥	보리밥	쌀밥
콩밥	아침밥	점심밥

45쪽

피자	우동	짜장면
설렁탕	계란찜	

46쪽

우유	젤리	라면
통조림	삼각김밥	

둘째 날

47쪽

김 밥	김치 전	호박 죽
된장 국	떡 국	물 냉면

48쪽

칼국수	불고기
아침밥	붕어빵
알사탕	쌈밥

49쪽

질겅질겅	끈적끈적
아작아작	바둥바둥
헐레벌떡	새근새근
긁적긁적	꿀꺽꿀꺽

|낱말 풀이|
• 바둥바둥은 덩치가 작은 것이 매달리거나 자빠지거나 주저앉아서 자꾸 팔다리를 내 저으며 움직이는 모양입니다. (예: 중심을 잃고 팔을 바둥바둥 내젓다.)
• 헐레벌떡은 숨을 가쁘고 거칠게 몰아쉬는 모양을 나타냅니다.
• 새근새근은 어린아이가 자면서 숨을 쉬는 소리를 나타냅니다.
• 꾸역꾸역은 음식 따위를 한꺼번에 입에 많이 넣고 잇따라 씹는 모양을 나타냅니다.

셋째 날

50쪽

라면	떡볶이
솜사탕	국수
껌	비빔밥

51쪽

딱딱하다	채소
빵	얼음
달다	길다
굽다	끓이다

|낱말 풀이|
• 물컹하다는 너무 익거나 곯아서 물크러질 정도로 물렁하다는 말입니다.
• 무치다는 나물 따위에 갖은 양념을 넣고 골고루 한데 뒤섞는 것입니다.

52쪽

냉면	불고기	케이크
설렁탕	볶음밥	김
밥	껌	

넷째 날

53쪽

삶다	갈다	태우다	죽다
얼다	굽다	데우다	씻다

54쪽

밥	국	간식
국수	과자	반찬

55쪽

거짓말을 예사로 자주 한다.
언제 결혼하는지 알려 줘.
시합을 아주 망쳐 버렸다.
먹으나마나 한 게 양이 적다.
서로 어울리는 것이 짝이 될 만하다.

|속담·관용구 풀이|
• **국수를 먹다(먹이다):** 옛날 국수는 주로 잔치 음식으로 쓰였습니다. 길다란 국수처럼 주인공이 오래 살기를 빌며 먹었지요. 지금도 신랑 신부가 오래오래 살고 행복하기를 바라는 마음을 담아 결혼식에 국수를 대접하곤 하지요. 그래서 '국수를 먹여 주다'는 '결혼을 해서 국수를 대접하다=결혼하다' 라는 뜻으로 쓰인답니다.

- **죽을 쑤다**: 밥을 하는데, 물을 많이 잡거나 불을 잘못 조절하면 죽이 되고 말지요. 밥을 짓는데 실패해서 죽을 쑤고 말았다는 데에서 일을 망쳤다는 뜻으로 쓰입니다.
- **코끼리 비스킷**: 동물원의 코끼리한테 비스킷을 주어도 널름 먹고 먹은 티도 안 난다는 모습에서, 양이 몹시 적다는 뜻입니다.
- **그 나물에 그 밥**: 만날 반찬으로 먹는 그 나물에 만날 먹는 그 밥이다, 즉 서로 비슷해서 별다른 점을 느끼지 못하겠다는 말입니다. 그래서 비슷비슷한 것끼리 짝이나 모둠이 된다는 뜻이 되지요.

다섯째 날

56쪽

김밥	케이크	떡국
김치	사탕	라면
비빔밥	국수	

57쪽

사탕, 사탕, 초콜릿, 초콜릿
국수, 국수, 솜사탕

58쪽

볶음밥	보리밥
비빔밥	설렁탕
김치	떡국
나물	미역국
사탕	라면
초콜릿	국수
비스킷	순대	튀김	떡볶이

넷째 주　옷

첫째 날

60쪽

위　　아래　　아래

위　　아래　　아래
아래　　위　　위

| 낱말 풀이 |

- 저고리는 한복 윗옷의 하나입니다. 앞이 트여 고름을 매서 입지요. 앞이 트이고 단추로 잠그는 서양 윗도리인 재킷을 양복저고리라고도 했는데 이를 줄여 부르는 말이기도 합니다.

한복 저고리

양복저고리

- 조끼는 소매가 없는 짧은 윗옷으로 흔히 호주머니가 달려 있습니다. 한복 저고리나 셔츠 위에 덧입습니다.
- 스커트는 허리부터 아랫도리를 덮는 서양식 치마입니다. 한복 치마는 가슴부터 내려오지요.
- 블라우스는 주로 여자나 아이들이 입는 품이 넉넉한 셔츠 모양의 서양식 윗도리입니다.
- 셔츠는 서양식 윗도리의 하나입니다. 양복의 저고리 속에 받쳐 입거나 겉옷으로 입기도 하지요. 와이셔츠, 티셔츠, 러닝셔츠, 남방셔츠 따위가 있습니다.

61쪽

모자	신발	양말	
버선	장갑	구두	장화
목도리	허리띠	스카프	
넥타이	운동화	마스크	

| 낱말 풀이 |

- 버선은 한복 차림에 신는 한국의 전통적 양말입니다. 무명 천 등으로 만들고, 솜을 두어 짓기도 하지요. 양말처럼 각각을 한 짝, 한 벌이 되는 두 짝은 한 켤레라 하고, 열 켤레를 한 죽이라 합니다.
  한문으로는 말(襪), 그래서 서양 버선은 양말(洋襪)이랍니다.

버선

- 스카프는 추위를 막거나 멋을 내기 위해 목에 감거나 어깨에 걸치는 사각형의 얇은 천입니다.
- 넥타이는 와이셔츠 깃 밑으로 둘러서 매듭을 지어 앞으로 길게 늘어뜨리는 천입니다. 주로 남자들이 서양식 정장을 할 때 장식으로 매지요.

62쪽

저고리	바지	조끼
치마	팬티	셔츠
점퍼	청(반)바지	버선

| 낱말 풀이 |

- 점퍼는 품이 넉넉해서 놀이나 운동하기 알맞은 활동적인 옷옷입니다.

둘째 날

63쪽

윗옷	겉옷
잠옷	비옷
속옷	양복

64쪽

이바지	어르신
장도리	시옷
행복	저고리

| 낱말 풀이 |

- 장도리는 손에 잡고 두드려 못을 박거나 뽑을 때 쓰는 연장입니다. 주로 한쪽은 못을 박게 되어 있고, 한쪽은 못을 뽑을 수 있도록 만들어져 있습니다.

장도리

- 갑옷은 옛날에 군인들이 싸울 때 창·칼·화살 따위가 뚫지 못하게 가죽이나 쇠붙이, 두터운 천 따위로 만든 옷입니다.

갑옷

- 문고리는 문을 걸어 잠그거나 여닫는 손잡이로 쓰기 위하여 문에 다는 고리입니다. 한옥 문짝의 둥근 고리를 가리키던 문고리라는 말이 지금까지도 쓰입니다.

문고리

65쪽

| 원피스 | 스웨터 | 티셔츠 |
| 스커트 | 블라우스 | 팬티 |

| 낱말 풀이 |
- 스웨터는 털실로 두툼하게 짠 윗옷입니다.

셋째 날

66쪽

썼네요
신었습니다
입고
두르고
끼고
매야

67쪽

손 끼다
발 신다   목 두르다
아랫도리 입다   윗도리 입다
발 신다   목 매다

68쪽

장갑
허리띠
버선
저고리
속옷
두루마기
가죽옷
스커트

| 낱말 풀이 |
- 코트는 추위를 막기 위하여 겉옷 위에 입는 옷으로 '외투'를 말합니다.
- 두루마기는 우리나라 고유의 옷으로 주로 외출할 때 입는 외투입니다.

두루마기

넷째 날

69쪽

팬티	치마
신발	모자
비옷	꼬까옷
반바지	목도리

| 낱말 풀이 |
- 오줌싸개는 오줌을 아무 때나 싸는 아이나 혹은 실수로 오줌을 싼 아이를 놀림조로 이르는 말입니다.
- 외짝은 짝을 이루지 못하고 단 하나만 있는 것을 말합니다. (예: 덕수는 운동회 날 달리기를 하다 한쪽 신발을 잃어버리고 외짝 신발로 터덜거리며 집으로 갔다.)
- 켤레는 신, 양말, 장갑 따위의 짝이 되는 두 개를 한 벌로 세는 단위입니다.

70쪽

마스크	원피스
스카프	스커트
팬티	블라우스

71쪽

옷이 좋으면 사람이 돋보인다.
너, 바지 지퍼가 열렸다.
어떤 일의 시작을 잘못했다.
해 봐야 소용없는 일이다.
나를 시골 사람으로 보다.
가진 것을 모두 다 주었다.

| 낱말 풀이 |
- 핫바지는 원래 솜을 두어 지은 (한복) 바지입니다. 홑겹으로 지은 홑바지보다 모양이 둔탁해 촌스러워 보였습니다. 그래서 시골 사람 또는 무식하고 어리석은 사람을 낮잡아 이르는 말로 쓰입니다.

다섯째 날

72쪽

모자
스카프, 목도리
스웨터, 티셔츠, 조끼
장갑
허리띠
바지, 치마, 스커트
양말, 버선, 신발

73쪽

도깨비 치마는 가벼워요
질기고도 가벼워요
뭉게구름 실로 만들었어요
이천 년 입어도 가벼워요

도깨비 치마는 날씬해요
잘록해요 날씬해요
개미 허리 털로 만들었어요
이천 년 입어도 날씬해요

다섯째 주 집

첫째 날

맘's tip | 땅을 판 움집, 호텔급 펜션

아주 옛날에 추위와 비바람을 피하는 손쉬운 방법은 땅을 파서 지붕만 덮는 것이었습니다. 자연적인 흙벽을 만들었으니 따로 벽을 세우지 않아도 되었지요. 암사동 신석기 유적에서 볼 수 있는 움집이 바로 이것입니다.

움집

펜션은 호텔의 편리함도 추구하지만, 민박의 가정적이고 소박한 분위기도 함께 갖춘 소규모의 고급 숙박 시설입니다.

| 낱말 풀이 |

• 마루는 한옥에서, 방과 방 사이나 방 앞을 지면에서 높이 떨어지게 하여 널빤지를 길고 평평하게 깐 공간, 혹은 그 널빤지입니다.

마루

• 다락은 주로 부엌 위에 이층처럼 만들어서 물건을 넣어 두는 곳입니다.
• 굴뚝은 불을 땔 때, 연기가 밖으로 빠져 나가도록, 건물에 세운 곧고 높은 관입니다.

굴뚝

• 옥상은 지붕의 위, 특히 현대식 양옥 건물에서 마당처럼 편평하게 만든 지붕 위를 말합니다.

• 마당은 집의 앞이나 뒤에 평평하게 닦아 놓은 땅을 가리킵니다.

맘's tip | 마당과 뜰의 차이는?

마당은 집의 앞이나 뒤 또는 옆에 닦아 놓은 바닥이 단단하고 평평한 땅을 가리킵니다. 곡식을 말리거나 타작하는 등 일을 하거나, 사람이 모여서 놀 수 있어야 합니다. 그래서 장기 마당, 씨름 마당처럼 어떤 일이 이루어지고 있는 곳, '그가 오는 마당에'처럼 어떤 일이 벌어지는 상황을 뜻할 수 있습니다.

일도 하고 모여서 놀기도 하는 마당

뜰은 집 앞이나 뒤 또는 옆에 있는 평평한 땅을 가리킵니다. 반드시 바닥이 단단해야 하는 것도 아니고, 반드시 여러 사람이 모여 놀 수 있어야 하는 것도 아닙니다.

둘째 날

| 낱말 풀이 |

• 뜰은 집 안의 앞뒤나 좌우로 가까이 딸려 있는 빈터입니다. 화초나 나무를 가꾸기도 하고, 푸성귀 따위를 심기도 합니다.
• 담은 집이나 일정한 공간의 경계선을 표시하기 위해 흙, 돌, 벽돌 따위로 쌓아 올린 것입니다. 담장이라고도 합니다. 아파트에 많이 사는 요즘 담을 보기 어렵지요.

담을 두른 한옥

담이 없는 현대 주택

- 벽은 건물의 바닥에서 지붕이나 천장까지 집이나 방의 둘레를 위로 곧바로 단단하게 막는 부분입니다. (예: 그는 벽에 못을 박았다.)

80쪽

윗집	헛간
마룻바닥	샛문
텃밭	건넛방

| 낱말 풀이 |

- 헛간은 문이 없이 벽과 지붕만 있는 창고입니다.
- 샛문은 번듯한 정문이 아니라, 간단히 드나들 수 있게 만든 작은 문입니다.

대문보다 작고 간소한 샛문

81쪽

돌	문
방	집
실	옥
뜰	막

| 낱말 풀이 |

- 섬돌은 한옥에서 집에 드나들 때 올라서기 위해 놓은 넓적한 돌이나 돌층계입니다.

섬돌

- 문간방은 한옥에서 대문 옆에 있는 작은 방을 말합니다. (예: 문간방에 세 들다. 그 집 대문 옆에는 양쪽으로 문간방이 하나씩 붙어 있다.) 지금은 현관 가까이 있는 작은 방을 이르기도 하지요.

대문 옆의 문간방

- 부뚜막은 부엌의 아궁이 위에 솥을 걸어 두기 위해 편평하게 만든 언저리를 가리킵니다.

부뚜막

- 움막은 벽도 세우지 않고 땅을 파고 거적 따위를 얹어 추위나 비바람만 가릴 정도로 대충 지은 집입니다. '움'은 땅을 얕게 판 것, '막(幕)'은 겨우 비바람을 막을 정도로 임시로 지은 집이라는 뜻입니다.

셋째 날

82쪽

굴뚝
부뚜막

세면대
계단
문짝
건넛방
화단

| 낱말 풀이 |

- 아궁이는 방이나 솥, 가마에 불을 때기 위하여 만든 구멍입니다.

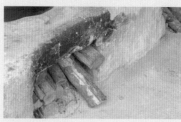

아궁이

83쪽

부뚜막
주방
헛간
뒷간
담
대궐
꽃밭

| 낱말 풀이 |

- 뒷간에서 '뒤'는 사람의 항문이나 사람이 누는 똥을 완곡하게 이르는 말입니다. '간'은 건물의 둘러막은 공간이니, 뒷간은 똥을 누는 공간 즉 화장실입니다.
- 울타리는 담 대신에 풀이나 나무 따위를 얽어서 집 따위를 둘러막거나 경계를 가르는 물건입니다.

집을 둘러싼 울타리

84쪽

벌집　　　　외딴집　　　칼집
떡집　　　　시골집　　　부잣집
이층집　　　똥집

|낱말 풀이|
• 똥집은 사람의 큰창자를 속되게 이르는 말
입니다. 닭똥집은 닭의 모래주머니를 가리
키지요.

넷째 날

85쪽

한옥
지하실
초막

86쪽

앞산 마루에 덩그렇게 걸린 해를 보고
있었다.
조그만 녀석이 담도 크다.
어쩜 넌, 그렇게 복도 없니?
우리는 꼭 다시 만나게 될 거야.
급한 마당에 인사는 해서 뭐합니까?

|낱말 풀이|
• '앞산 마루'의 마루는 산의 꼭대기를 가
리킵니다.
• '담도 크다'에서 담은 겁이 없고 용감한
기운, 담력을 가리킵니다.
• 우리는 짐승을 가두어 기르는 곳입니다.
(예: 돼지우리)
• '급한 마당'에서 마당은 어떠한 상황이나
환경을 나타내는 말입니다.

87쪽

겉으로는 얌전한 사람이 딴 짓을 한다.
장사를 그만두었다.
어떤 것에 가로막혔다.
일이 실패해 어찌할 도리가 없다.
무언가를 애타게 원하다.

|속담 · 관용구 풀이|
• **얌전한 고양이가 부뚜막에 먼저 오른다:**
원래 '얌전한 고양이 부뚓가 주막집 술상
에 손님보다 먼저 올라간다.'는 말인데,
'부뚓가 주막'이 '부뚜막'으로 바뀌어 전
해진 것이라 합니다.
부뚓가에는 생선이 많고, 고양이도 들끓습
니다. 부뚓가의 주막 주인은 성질이 거친
고양이는 주막에서 쫓아냈지만 그래도 사
람을 따르는 얌전한 고양이는 내버려두곤
했습니다. 그런데 막상 주인 눈을 피해 손
님상의 생선 안주를 먹어댄 것은 바로 그
'얌전한 고양이'였던 거죠.
• **닭 쫓던 개 지붕 쳐다보듯:** 개에게 쫓기던
닭이 지붕으로 올라가자 개가 쫓아 올라
가지 못하고 지붕만 쳐다본다는 뜻입니다.
애써 하던 일이 실패로 돌아가거나 남보다
뒤떨어져 어찌할 도리가 없이 됨을 비유적
으로 이르는 말이지요.
• **마음이 굴뚝같다:** 굴뚝에서 연기가 펄펄
나듯, 바라거나 그리워하는 마음이 몹시
간절하다는 뜻입니다. (예: 며칠을 굶었더
니 밥 생각이 굴뚝같다.)

다섯째 날

88쪽

계단　　　침실　　　부엌　　　아파트
현관　　　거실　　　마루　　　화장실

|낱말 풀이|
• 현관은 건물의 주된 출입문이 있는 문간
입니다. .

89쪽

굴뚝
안뜰
마룻바닥
창문
침실
디딤돌
오두막

|낱말 풀이|
• 디딤돌은 (한옥에서) 발을 딛고 오를 수
있도록 마루 앞에 둔 넓적한 돌입니다. 섬
돌과 비슷하지요.
또는 물이 있는 곳에, 발을 딛게 드문드문
놓은 평평한 돌을 뜻하기도 하지요. (예:
마당에 물이 잘 빠지지 않아서 디딤돌을
놓았다.)

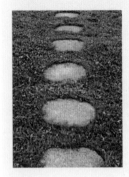

디딤돌

90쪽

건넛방　　　화장실　　　안방
거실　　　　창문
현관
창고　　　　복도
부엌　　　　천장　　　　지붕
부뚜막　　　마당　　　　화단

여섯째 주 직업

첫째 날

92쪽

성격
방도
간수　　　버

93쪽

테두리　　　역
양
당　　　　　일
맡

94쪽

휴가, 인사, 외가, 혼자, 두부, 천사,
제사, 여자

둘째 날

95쪽

공무원	정치가	소설가
회사원	연예인	수리공
경찰관	외교관	음악가

96쪽

배우
석수장이
스튜어디스
아나운서
교육자

맘's tip | 장이와 쟁이의 차이는?

'~장이'는 장인이라는 뜻의 '장(匠)'에서 나온 말로, 그것과 관련된 '기술'을 가진 사람의 뜻입니다. 간판장이, 땜장이, 양복장이처럼 쓰입니다.
'~쟁이'는 그것이 나타내는 '속성'을 많이 가진 사람의 뜻이지요. 겁쟁이, 심술쟁이처럼요.

97쪽

약사	소방관	어부
악사	가수	군인
농부	상인	경찰관
법관	조종사	

넷째 날

98쪽

의사	기업가	탐험가
박물관	놀부	과학자
서예가	상인	

99쪽

선원	세관원	백정
과학자	수리공	성악가

| 낱말 풀이 |

• 세관원은 공항, 항구, 국경 지대에서 여행하는 사람들의 소지품이나 수출입 화물에 대하여 검사, 허가, 관세 사무를 맡아보는 공무원입니다.
• 백정은 옛날에 소나 개, 돼지 따위를 잡는 일을 직업으로 하는 사람입니다.

100쪽

쓰다	팔다	지키다	연기하다
다스리다	고치다	깎다	젓다
보호하다	키우다	치료하다	

| 낱말 풀이 |

• 사공은 직업적으로 배를 젓는 사람입니다. 뱃사공이라고도 합니다.

넷째 날

101쪽

가르치다	지키다	타다
쓰다	고치다	연구하다
부르다	일하다	차리다

| 낱말 풀이 |

• 선원은 (여럿이 함께 타고 먼 길을 오가는) 큰 배의 일꾼입니다. 뱃사람이라고도 합니다.

102쪽

가수-노래, 서예가-글씨
시인-시, 소설가-소설
과학자-과학, 교육자-교육
선생-학교, 재판관-법원
음악가-성악가, 교육자-교수
청소부-거리, 파출부-집안

| 낱말 풀이 |

• 변호사는 법에 따라서, 재판 받는 사람이 공정하고도 유리한 위치에 서도록 편들어서 말하는 사람입니다. 공무원은 아닙니다.
• 파출부는 보수를 받고 출퇴근을 하며 빨래, 밥하기, 청소 따위 집안일을 해 주는 사람입니다.

103쪽

일 다 하고 죽은 무덤 없다.
선생의 똥은 개도 안 먹는다.
농부는 두더지다.
사공이 많으면 배가 산으로 간다.

| 속담 · 관용구 풀이 |

• **일 다 하고 죽은 무덤 없다:** 자기 할 일 다 끝내고 죽은 사람은 없다는 말이에요. 사람이 일 하나를 다른 다 하면 또 하나가 생기고 하여, 일을 하려고 보면 끝이 없다는 말이지요. 비슷한 말로는 '시키는 일 다 하고 죽은 무덤은 없다.'가 있지요.
• **선생(훈장) 똥은 개도 안 먹는다:** 애탄 사람의 똥은 매우 쓰다는 데에서, 선생 노릇이 매우 힘들다는 말입니다.
아이들을 가르치는 선생님은 이것저것 신경 쓸 것이 많아 애가 타지요. 애탄 사람의 똥은 매우 쓰다고 합니다. 그래서 똥을 좋아하는 개도 선생 똥은 먹지 않는다고 한답니다.
* **농부는 두더지다:** 두더지는 고개를 들지 않고 땅을 파서 들어가지요. 농부는 두더지처럼 고개 들 사이 없이 부지런히 땅을 갈고 파 농사를 짓지요.
• **사공이 많으면 배가 산으로 간다:** 여럿이 제 주장대로 배를 부리면 배가 물로 못 가고 산으로 올라가고 만다는 거지요.
주관하는 사람이 없이 여러 사람이 제가끔 자기주장만 내세우면서 제멋대로 움직이면 일을 그르치게 된다는 말입니다. 비슷한 말로 '목수가 많으면 집이 기울어진다.'도 있지요.

104쪽

사업가	간호사
가수	과학자
시인	파출부
소설가	재판관
외교관	회사원
청소부	교수
교육자	어부
요리사	정치가

105쪽

교수	화가	어부
경찰	간호사	과학자
소설가	아나운서	

106쪽

경찰관	소방관	작곡가	
간호사	화가	성악가	
음악가	가수		
교수	조종사		
선생	선원		
광부	과학자		
기사	수리공	기자	아나운서

일곱째 주 동물

첫째 날

108쪽

기러기 기린		고래 고양이	
개미 매미		너구리 개구리	
송아지 돼지		병아리 오리	

109쪽

곰	개	뱀
말	벌	닭

양	소	쥐

110쪽

첨벙	훨훨	박박	첨벙
첨벙	박박	훨훨	첨벙
첨벙	훨훨	박박	훨훨
박박	박박		

둘째 날

111쪽

비	코
이	리
기	개

112쪽

이리	거미	매미
오리	나비	갈치
고양이	송아지	
코끼리		

113쪽

여우	까마귀	꾀꼬리
비둘기	고양이	당나귀
사자	매미	개구리
기러기	잠자리	오리
조개	호랑이	송아지

셋째 날

114쪽

캥거루	하마	게
거북	고양이	뱀
미꾸라지	벌	기린

115쪽

조개	제비	원숭이
게	개미[꿀벌]	기린
오징어	토끼	닭

| 낱말 풀이 |

- 손오공은 〈서유기〉의 주인공인 원숭이의 이름입니다. 서유기는 중국 명나라의 소설인데 손오공, 저팔계, 사오정이 삼장 법사와 함께 온갖 어려움을 이기고 인도에 가서 불경을 구해 온다는 내용이지요.
- 등딱지는 게나 거북 따위의 등을 이룬 단단한 껍데기를 말합니다.
- 질경질경은 질긴 물건을 거칠게 자꾸 씹는 모양을 나타내는 말입니다.
- 쫑긋은 입술이나 귀 따위를 빳빳하게 세우거나 뾰족이 내미는 모양을 나타내는 말입니다.

116쪽

꼭 한 개씩이 모자라네.

자고 일어나면 잠자리를 깨끗이 정리해라.

우리 이렇게 하는 게 어때?

밥에서 머리카락 한 오리가 나왔어.

그들은 다투다 결국은 제비를 뽑아서 결정하기로 했습니다.

나보고 이런 걸 먹으란 말이냐?

| 낱말 풀이 |

- '한 오리'의 오리는 실이나 국수처럼 가늘고 긴 물건을 셀 때 쓰는 단위입니다. 오라기와 비슷한 뜻이지요.
- '제비를 뽑아서'에서 제비는 여럿 가운데 임의로 어느 하나를 골라잡게 하는 방법 또는 그것에 쓰이는 물건을 말합니다.

넷째 날

117쪽

올챙이배	돼지코	닭살
토끼눈	자라목	오리궁둥이
까치발	개미허리	당나귀귀

| 낱말 풀이 |

- 올챙이배는 뚱뚱하게 나온 배를 놀림조로 이르는 말입니다.

- 자라목은 보통 사람보다 짧고 밭은 목을 비유적으로 이르는 말입니다.
- 까치발은 뒤꿈치를 들고 발끝으로 서 있는 발의 모양을 말합니다.
- 닭살은 털을 뽑은 닭의 껍질같이 오톨도톨한 사람의 살갗을 나타내는 말입니다.

맘's tip | 자라목? 거북목?

자라는 놀라거나 위험할 때에 목을 오므려 목이 굵고 짧아집니다. 그래서 어떤 사람의 목이 굵고 짧으면 자라목이라 놀립니다.

요즘은 일자목증후군을 일러 '거북목증후군'이라고 합니다. 목뼈가 정상 형태를 벗어나 일자로 선 증상을 뜻하지요. 거북이 목이 뻗은 상태와 비슷하다 해 붙인 이름인데, 자라목과는 상관없는 말입니다.

118쪽

병아리	벌레
모기	늑대
고양이	다람쥐
까마귀	올챙이

119쪽

곰	고양이
돼지	개구리
호랑이	파리

다섯째 날

120쪽

게	고슴도치
거미	거북
미꾸라지	코끼리
나비	모기

121쪽

벌	고래
코끼리	얼룩말
자라	거북

122쪽

낙타 또는 치타	사자
기린	오리

거위
제비

		꽁치
거미	나비	상어
개미		

여덟째 주 거리

첫째 날

124~125쪽

놀이공원, 선착장, 수영장

| 낱말 풀이 |

- 나들목은 '인터체인지' '아이시(IC)'와 같은 말로, 입체 교차로라고도 합니다. 사고를 막고 교통이 막히지 않도록 도로의 출입구나 교차 지점에 만든 입체 교차 시설입니다.

나들목

- 선착장은 배가 와서 닿는 곳입니다.
- 정육점은 쇠고기, 돼지고기 따위를 파는 가게입니다.
- 박물관은 오래된 유물이나 문화적, 학술적 의의가 깊은 자료를 수집하여 보관하고 전시하는 곳입니다.
- 터미널은 버스나 기차, 비행기 등의 종점, 혹은 많은 노선이 모여 있는 역입니다.

126쪽

도서관	캠핑장	주차장
영화관	식당	전철역
주유소	성당	호텔
공항	터널	횡단보도

둘째 날

127쪽

로	목
로	목
도	로

128쪽

점	가게	집
소	점	소
소	가게	점
점	가게	점

| 낱말 풀이 |

- 구멍가게는 조그맣게 차린 가게를 말합니다.
- 편의점은 24시간 문을 여는 잡화점을 말합니다.

129쪽

서	소	관
국	역	도
장	터	

| 낱말 풀이 |

- 간이역은 보통 기차역과 달리, 역무원이 없고 기차가 정차만 하는 역입니다
- 정류장은 버스나 택시 따위가 사람을 태우거나 내려 주기 위하여 머무르는 곳입니다.

셋째 날

130쪽

모텔	역	커피숍
성당	사우나	상점
음식점	사거리	미용실
슈퍼마켓	빌딩	건널목

131쪽

시청	공터
광장	주유소
우체국	미술관
세무서	백화점

132쪽

병원	가게
음식점	관청
길	교차로

| 낱말 풀이 |

• 관청은 나라의 사무를 보는 기관, 또는 그런 기관이 있는 건물을 말합니다.

넷째 날

133쪽

수영장	파출소	목욕탕
주차장	은행	공터
터미널	경로당	터널

| 낱말 풀이 |

• 경로당은 동네의 노인들이 모여서 쉬거나 즐기기 위한 집입니다. 노인정이라고도 합니다.

134쪽

책	옷	돈
머리	학용품	약
고기	기차	배우

135쪽

길	거리
골목	호떡집

학교

다섯째 날

136쪽

유치원	방송국	경찰서
터미널	음식점	은행

137쪽

도로	목욕탕	가로등
치킨집	공터	중국집
공중전화	구멍가게	

138쪽

인도	육교	신호등
도로	교차로	
골목	학교	병원
서점	도서관	호텔
세탁소	경찰서	
편의점	소방서	
백화점	파출소	시청

• 이미지 출처
국립민속박물관, 문화재청, 클립아트코리아